哥伦布

Cristoforo
Colombo

哥伦布

Cristoforo Colombo

皮波人物国际名人研究中心 编著

国际文化出版公司

·北京·

图书在版编目（CIP）数据

哥伦布/皮波人物国际名人研究中心编著.--北京：国际文化出版公司，2013.4（2024.2重印）
（名人传记丛书）
ISBN 978-7-5125-0487-5

Ⅰ.①哥… Ⅱ.①皮… Ⅲ.①哥伦布，C.（1451～1506）—传记 Ⅳ.①K835.465.89

中国版本图书馆CIP数据核字（2013）第025315号

哥伦布

作　　者　皮波人物国际名人研究中心　编著
责任编辑　戴　婕
统筹监制　葛宏峰　刘　毅　刘露芳
策划编辑　刘　毅
美术编辑　丁鉷煜
出版发行　国际文化出版公司
经　　销　国文润华文化传媒（北京）有限责任公司
印　　刷　北京一鑫印务有限责任公司
开　　本　700毫米×1000毫米　16开
　　　　　　8印张　74千字
版　　次　2013年4月第1版
　　　　　　2024年2月第3次印刷
书　　号　ISBN 978-7-5125-0487-5
定　　价　30.00元

国际文化出版公司
北京市朝阳区东土城路乙9号　邮编：100013
总编室：（010）64270995　传真：（010）64270995
销售热线：（010）64271187
传真：（010）64271187-800
E-mail：icpc@95777.sina.net

目录

目录

心怀航海梦

航海家的童年

航海家哥伦布

克里斯托弗·哥伦布是世界著名的航海家，他曾先后四次出海远航。为了在西行的途中发现最东方的国家，他以非凡的勇气横渡了陌生、不为人知的大西洋，最终以事实向蒙昧未开的世界证实了地圆说。他是首位到达美洲大陆的西方人，开辟了西方到美洲的新航路。哥伦布的航海探险所带来的地理大发现，使人类对地球有了新的认识，由此也改变了世界的历史和格局。

哥伦布不仅热爱航海，同时在天文、地理等领域也成就斐然。他的航海行为给一部分人带来了财富和荣誉，不可否认的是，他也给一部分人带去了灾难。但无论如何，作为一个航海家，哥伦布是非常卓越的。他的成就来之不易，且充满辛酸。想要了解他那段充满传奇色彩的一生，还要从他的家庭开始说起。

哥伦布的家乡热那亚是一座繁荣而历史悠久的城市，它位于地中海，濒临利古里亚海。由于亚平宁山脉阻挡了寒冷的北风，热那亚四周沃野辽阔，一边是萨沃纳肥沃的丘陵，另一边是托斯卡纳富饶的原野，葡萄园、月桂林、牧场星罗棋布。

在当时，热那亚是与威尼斯齐名的最繁盛的贸易港。港内船舶无数，帆桅林立，蔚为壮观。港口码头附近有交易所、银行以及专供船员休闲娱乐的酒吧和旅馆等。市区内贸易商人的豪宅随处可见，那些精雕细琢如艺术品的庭园和建筑比王公贵族的宅第毫不逊色。

在其中的一片牧场地里生活着哥伦布一家，毛织匠多米尼科·哥伦布和他的妻子苏珊娜住在位于圣安德烈门附近的奥利维拉地区。夫妻俩开设了一个作坊，他们在这个作坊里把从农民那买来的羊毛加以纺梳，染上各种颜色，然后织成布料，同时把自酿的又酸又涩的葡萄酒卖给当地的农民。多米尼科是一位手艺精湛的织布师傅，他手下有七八位伙计，生意相当兴隆。

1451 年，毛织匠哥伦布家的第一个孩子出生了，多米尼科为新出生的男孩取名为克里斯托弗·哥伦布，这个名字后来享誉世界，但当时的人们并没有对这个看似普通的孩子给予过多的关注，以至于连他确切的出生日期都没有记载。与他青少年时期的许多其他事情一样，这个问题注定要成为后人的一个研究课题。哥伦布的下面有两个弟弟，那就是巴托洛梅和迭戈，最小的妹妹名叫比扬基涅塔。

出身毛织匠家庭的哥伦布在纺车和酒罐中度过了童年，但不知是何原因,他的兴趣却是与他的生活毫不相关的航海。哥伦布很喜欢这里的海港，在他眼里，海港就是探索未知世界的起点。

哥伦布对大海十分着迷，一有时间，他就带着弟弟妹妹去海边玩耍。他们在海里游泳，在沙滩上捡贝壳，哥伦布时常带着弟妹们站在海边眺望远方，想象着海的尽头会有怎样的世界。

一天，从早上就一直忙着工作的多米尼科坐在饭桌前，看着陆续被端上餐桌的令人馋涎欲滴的鲜鱼和烤鸡，早已饥肠辘辘的他心里却寻思着大儿子的去向："这么晚了，克里斯托弗这孩子怎么还不回来，又溜到什么地方玩去了？"

"我肚子好饿！"巴托洛梅怪可怜地嚷着。

"那我们就先吃吧，你们的哥哥又不知道要到什么时候才回来呢。今天可得好好训他一顿才行。"多米尼科一边倒着自家酿的葡萄酒一边说。

这一年，哥伦布已经13岁了，在那个时代，已经是该在家里帮忙的年纪了，但是，父亲却认为他的手不够灵巧，倒是二儿子巴托洛梅比较适合织布这种细致的工作。

家人一边吃着饭，一边聊着天。“哥哥准是对织布这种工作不感兴趣，他只想当船员。”迭戈狼吞虎咽地吃着，嘴里含糊不清地说道。这时候，多米尼科忽地停止了吃饭，心想，不如让哥伦布去外面见见世面吧。

当天晚上，在海港逛了一整天的哥伦布回到了家里，见父亲坐在饭厅里正等着他。今天这顿教训一定是躲不过去了，哥伦布紧张得心里打起了鼓。可是事情完全出乎他的意料，父亲很有兴致地对他说：“儿子，你想不想乘船去远航啊？”

“远航？爸爸，我当然想！可是……我没有机会出去。”哥伦布沮丧地说道。

“现在有一个好机会，我要运一批纺织品去市场交易，本来想请一名船员，但是我知道你一直梦想着能去远航，不如就由你去吧。”

听了父亲的话，哥伦布兴奋极了，他终于能像船员那样去外面的世界游历了，于是他不假思索地答应了下来。就这样，多米尼科把推销成品的工作派给了哥伦布。

哥伦布的任务是带着布料的样品分赴各地去兜售，那些停泊在港口的船只便成了他展示样品、招揽生意的好去处。可是，每次出海，他都只顾与船员们聊天，听他们谈论外地港埠的种种见闻，而忘了自己的任务。

出生在热那亚的男孩子，向往海上生活是理所当然的。他们愿意随船出海，从船上的打杂干起也可以，若有朝一日能拥有自己的船只，将东方各国的珍贵物品运到欧洲各地去销售，那么不仅会获得大笔大笔的财富，还会赢得周围的人爱戴，被尊称为“船长”。

一天，哥伦布从船员那听到了有一本叫做《东方见闻录》的书，这是一位叫做马可·波罗的人写的。哥伦布听得十分入迷，船员讲了一阵后便停下了，哥伦布还意犹未尽地央求船员接着讲下去。

“这本书写得很好，但大部分内容都是编的，你不会是把它当真了吧？”

“可是，我倒觉得那些故事像真的。”听到船员打趣他，哥伦布不以为然。

哥伦布很想亲自读一读《东方见闻录》这本书，可是，虽然当时距德国人利用铅字发明活版印刷术已有20年了，但印刷的书本还是非常昂贵，只有相当富有的人才买得起。哥伦布认识一位巴罗尼叔叔，巴罗尼是位商人，他家里收藏着很多书籍，为人又很亲切。他告诉哥伦布，想要看什么书就尽管向他借。哥伦布很想向巴罗尼叔叔借《东方见闻录》，但只有熟悉拉丁文的人才能读懂它。巴罗尼叔叔为了满足哥伦布的好奇心，就把《东方见闻录》的内容说给他听。

晚上，哥伦布躺在床上，脑子里仍在想着马可·波罗所经历过的亚洲土地，久久不能入眠。

神秘的东方

在罗马帝国时代被定为国语的拉丁文，无论是读或写，都相当困难。如果不学会拉丁文，就没有办法读书。于是，哥伦布在工作之余，尽量抽出时间去学习那些艰涩的文字。

也有说法认为，因为哥伦布急于想了解航海术和地理、历史等方面的知识，于是在他 14 岁时就进了当地的学校。毕竟他的父亲和船上的船员们是没有什么可以教给他的。

这一天，哥伦布来到巴罗尼叔叔家。“哥伦布，你的拉丁文学得怎么样啦？”巴罗尼叔叔愉快地问。

“还好，成绩还算说得过去。我今天想请求您的帮助。”哥伦布一本正经地说道。

“你说的是这本书吧？你拿回去慢慢看好了。”巴罗尼从书架上取下《东方见闻录》交给哥伦布。这本书的作者马可·波罗也是意大利人，但在哥伦布出生的一百多年前就已经去世了。

马可·波罗是威尼斯的一个富商的儿子，在他少年的时候跟随从事贸易的父亲和叔叔从威尼斯出发，经过土耳其、小亚细亚等地到达了中国，途中经历了四年多的时间。当时的元世祖忽必烈很器重他，马可·波罗曾经在中国游历了17年，到过中国许多名山大川，他所看到的庄严华丽的宫殿、辽阔无垠的国土、租税和法律制度、用于物品买卖的纸币以及元朝都城的富贵繁华等，在《东方见闻录》中都有生动的描述。

马可·波罗在世时，很多人讥笑他是吹牛大王，马可·波罗的名字在当时甚至还被人当作“吹牛皮”的代名词。但是，他的这本《东方见闻录》里所记载的，都是他的亲眼所见、亲身所感或亲耳所闻，并不是在吹牛皮。它是欧洲人所著的第一本记录亚洲地区的游记。

这本书现在读来仍然觉得十分写实，但当时对亚洲的文明和富饶懵然无知的欧洲人却不肯承认这本书的价值，那些把它斥为“杜撰的故事”的人也都是基于这样的心理。

但是，哥伦布自从读到这本书，就再也没有办法停下来了。他怀着异常兴奋的心情，完全沉醉于故事之中，仿佛觉得自己就是马可·波罗。

书中，哥伦布最感兴趣的是被马可·波罗称作“黄金之国”的中国的情形。据马可·波罗所说：位于亚洲大陆东方的这个国度住着一群黄皮肤的人，这里有着高度的文明，人们很有礼貌，物产也很丰富。

……那里有取之不尽的黄金，但是国王却禁止输出，而且因为该地民风很保守，东西交通极为不便，所以西方的商人也没办法和他们来往。

那里的黄金真是多得不可胜数。国王所住的宫殿，屋顶上都用黄金修葺而成，宫殿内的房间和道路铺着厚厚的纯金板，窗户也是黄金制成。玫瑰色的珍珠多得数不胜数，人死了以后还要把珍珠含在嘴里殓葬。

此外，这里宝石的产量也极其丰富。

读到这里，哥伦布心中有说不出的兴奋："我若是能坐船到达中国，那里的黄金、珍珠和宝石岂不唾手可得了吗？"

在黄金之国的梦想牵引下，哥伦布对航海的憧憬比以前更加强烈了。但是，有什么好办法可以使他得偿所愿呢？他可不愿意效仿马可·波罗，采取陆地行进的方法。

哥伦布心想："我要是能成为船员，说不定就会有机会到中国了。"

在巴罗尼的商店里，哥伦布见到了一位来自葡萄牙里斯本市的商人。他经常到热那亚采购商品，转运到北欧各大城市去推销。因为他知道巴罗尼的店里有亚洲的名贵纺织品，所以特地前来选购。

在闲谈中，葡萄牙商人很得意地说："恩里克国王陛下去世时，有些人还担心葡萄牙的探险事业会就此沉寂下来，但是事实上，它在欧洲第一的探险地位仍未改变。那些卓越的舵手和船长们几乎每天都在重绘非洲西海岸的地图呢。"

有关恩里克王的事迹，哥伦布也曾经听人说过，这位喜欢探险的国王是在五年前去世的。

葡萄牙位于欧洲大陆西南部状如拳头的伊比利亚半岛上，与非洲大陆的撒哈拉相对峙。这个濒临大西洋的沿海国家航海业一直十分发达。不过，亚洲的产品还是要靠地中海的威尼斯或热那亚的商人来供应。

从亚洲各地由商队运来的商品都会聚到素有“文明十字路口”美誉的君士坦丁堡的市集，而这个市集是由伊斯兰教教徒所控制。因为宗教的关系，那些信仰伊斯兰教的人们和信仰天主教的欧洲商人不相往来。但是，威尼斯和热那亚的商人却例外。他们和伊斯兰教徒之间定有特别的协定，可以转手买到亚洲的商品。

不过，欧洲商人面临的这种局面是完全可以改变的，只要把自己的商船派到亚洲去直接进行贸易就行了。擅长航海的葡萄牙人一直在认真地考虑如何行之有效地实施这个方法。他们认为，顺着非洲西海岸向南绕行一定可以找到通往印度洋的航线。

哥伦布在历史和地理的书本里也读过古代探险队环绕非洲航行一周的记录。据传，古代埃及的尼科一世曾经派遣一支由腓尼基人组成的探险队，自东而西，绕过非洲大陆，历时三年之后回到埃及。过了 100 年之后，航海家汉诺率领了 3 万名男女，沿着非洲西海岸，由北而南行进，汉诺此举虽未达成环绕地球一周的理想，但他仍然相信大西洋和印度洋是一脉相通的。

“恩里克国王曾要我们以古代航海家为榜样，努力打开通往亚洲的航道。”葡萄牙商人说，“恩里克国王亲自修读了数学、天文学和地理学等课程，后来还开办了一所航海学校，选了一批干练的海员入校受训。

“总之，首先发现通往亚洲航道的荣誉，势将由葡萄牙所获得，虽然没有人知道这事要等到多少年以后才能实现。你如果也想当一名成功的航海家，我劝你先接受一些基本训练，然后再到葡萄牙来。”

“光靠痴想是不可能达成航海的心愿的。为了要实现这个梦想，我只有拼命用功了。”哥伦布暗自下着决心。

与葡萄牙商人的这次交谈之后，哥伦布动不动就望着航海图出神，要不就是埋首苦读地理学和天文学。哥伦布的航海梦想如同一只被海风吹得鼓胀的帆，马上就要带着自己起航了。

成为海员

有一天晚上，哥伦布来到家里经营的作坊，去找独自一个人留在那里赶工的父亲。

“爸爸，我想跟您商量一件事情。”

“看你一本正经的样子，有什么事情吗？”

哥伦布站在那里，没有回答。

“让我猜猜看，你想去当船员，是不是？”父亲一脸和气地问。

哥伦布见父亲说出自己心里想说的话，不禁吃了一惊：“那您是答应了？”本来硬着头皮准备挨骂的哥伦布，看见父亲一下子就同意了他的要求，反而觉得很意外。哥伦布告诉父亲，巴罗尼叔叔答应介绍他到热那亚舰队去。

“对在热那亚出生的男孩子来说，向往海洋是天经地义的。一个人如果能够到海上去尽情发挥自己的力量，该是多么痛快啊！我不会责怪你的。”父亲接着说，“不过，在舰队当船员可不是件轻松的事。要是碰上了敌人的舰队，打起仗来，随时都有丢掉性命的危险呢！”

“爸爸，我心意已定，决不后悔。”哥伦布一心一意要出海，只要这个愿望能够实现，他当真觉得死而无憾。

“孩子，有件事情我要提醒你。你只不过是卑贱的织布工人家的孩子，也没有令人仰慕的贵族身份，就算你在舰队上干得再好，也可能永远只能当一名普通船员，领取微薄的薪金，不可能被提升为舰长或司令官的。”

“这个，我知道。”哥伦布一脸坚决，充满自信地说，“爸爸，您等着瞧吧，我一定会让我们家族声名远播的。”

哥伦布首次乘船驶离热那亚港时还只是个未经世事的少年，起航那天，他心里别提有多激动了。

这艘船上的老船长对哥伦布照顾得无微不至。老船长也是热那亚港的海军军官，经常率领舰队袭击威尼斯、葡萄牙等敌国的商船，有时候，也被敌方偷袭，而发生激烈的战斗。在航海途中，这位刚毅的航海家，常常利用空闲的时间，向哥伦布叙述种种有关航海方面的事情。

当时的热那亚虽然可以跟其他国家贸易经商，可是一旦发生战争，就免不了相互攻打。有时候，船被炮火炸沉，死伤无数，极为惨烈。当时的商船全都装备着大炮等武器，船员就是战士，换句话说，那是商船兼战舰，有时也化身为海盗公然地在海上掠夺敌方的财物。这种作风虽然蛮横无理，但在那个时代却是常事。

一晃，哥伦布跟随热那亚舰队进行这样的航海活动大约10年了。这期间，哥伦布学到了不少航海的知识，也磨炼出一种不屈不挠的海员精神。

在哥伦布成为热那亚海军的一员之后，哥伦布的二弟巴托洛梅也走出了毛织作坊,去了一所学校专门学习绘制海图。巴托洛梅在绘制海图方面的知识和技术，在后来给了哥伦布意想不到的影响和帮助。巴托洛梅是个细心的男孩，擅长做精细的工作，很适合绘制海图。

“好好干吧，不要输给你的哥哥！”父亲多米尼科对巴托洛梅也作出了同样的支持和谅解。

1476年，哥伦布25岁了，10年在热那亚舰队的航海生涯使他具有丰富的航海经验和渊博的天文、地理等方面的知识，哥伦布终于开始崭露头角，担任了法国舰队的船长。

在这年8月的一天,他的船驶离地中海的直布罗陀海峡,和三艘友船静静地向前航行。夕阳西下,彩霞满天,船上的风帆被映成绚丽的玫瑰色。哥伦布身披斗篷,站在甲板上向远方眺望。

这时候,一位身材高大、满脸胡须的部下走过来报告说:"对方确实是7艘威尼斯军舰,他们是从法兰德斯(过去是欧洲的一个国家,现在分属比利时、法国、荷兰)装载了货物,正准备回航,我们要不要来个偷袭?"

"当然!"哥伦布果断地说。

"可是,我们只有4艘舰船……"

"怕什么!我们的火力比他们强,士兵们也都勇猛善战。"哥伦布打断了他的话。

哥伦布继续说道:"自法兰德斯开出的日子算起,这7艘军舰大约还要六七天才能到达里斯本,我们可以先驶到里斯本,埋伏在港外等着他们,以逸待劳,如此必能一举成功!"

哥伦布率领的船队,原先计划要驶往北海方面通商贸易,如今可得改变行程了。舰船将原计划的贸易活动转变为掠夺行为,准备在里斯本港外布下陷阱,等待猎物的到来。

威尼斯的7艘船,当然毫无所觉,由于船上满载货物,所以航行缓慢,较预计的时间晚了好几天才驶近哥伦布的埋伏范围。

当时的船只都是靠风力行驶的帆船,船员们必须注意风向以操作布帆使船前进。一旦遇有敌船,就得立即根据风向将船转到有利于自身行动的角度，以避免自己受到对方的攻击而无还手之力。

天色微明，东方渐渐显出鱼肚白，哥伦布站在船头，葡萄牙的山峦在晨雾中忽隐忽现，哥伦布忍不住内心的兴奋。这时候，除了海风吹动帆篷以及浪涛冲击船身的声音外，四周一片静寂。有谁会想到，有一场激烈的战斗将要爆发呢？

哥伦布以锐利的目光扫视了一下四周，然后命令部下以旗语通知各友船做战斗准备。

这时候，太阳从海平面上冉冉升起，在海面上射出耀眼的光芒。三艘友船都忙碌着做各项战斗准备，随时待命，发动攻击。

桅杆上的瞭望员目不转睛地注视远方，突然，瞭望员大声地呼叫："看到敌方的船了！"

果然，在接近陆地的海面上有一艘大帆船，扯满了帆篷，缓缓地驶近。接着，一艘跟着一艘，7 艘船全都靠近陆地，向南方驶去。

"开火！"哥伦布下达了攻击令。

哥伦布命令船员们全速前进，企图迎头拦截。船帆灌满了风，迅速地转了一个大弯，飞快地向敌舰驶去。

威尼斯船队根本没有料到这一场突袭，一时惊慌失措，在船身连着挨了几发炮弹后，赶紧扯满风帆，向港湾那边驶去。

哥伦布所率的 4 艘军舰也都全速紧追，由于对方的船只满载货物，当然不及哥伦布的船只轻捷、快速，所以，没有多久就被哥伦布追上了。

哥伦布手握长剑站在甲板上指挥作战，有几艘对方的船只已经燃烧起来，海上升起阵阵浓烟。这时候，哥伦布自己的船正接近一艘对方船只，哥伦布下令把两头有钩的铁链抛过去，钩住对方的船只。哥伦布首先挥舞长剑跃上了对方的船，他的部下也纷纷跟进。

正在混战厮杀之际，这艘船的布帆被邻船飞来的火苗溅到而燃烧起来，刹那间整个甲板上浓烟弥漫，呛得人连呼吸都困难，烈焰几乎把人的皮肤都烤焦了。刚刚还酣战的双方船员们都停止了厮杀，一个个跳进了大海。眼下，哥伦布也只得跳海逃生。

正当他跃入大海的那一刹那，“轰”的一声巨响，船上的火药库被引爆了，巨大的船只被炸得支离破碎，哥伦布被炸伤了。

“我不能死在海里。”坚强不屈的求生信念使哥伦布拼尽全力地向前游去。天无绝人之路，他总算抓住一块漂浮在海面上的大木板。他抱住木板，渐渐地失去了知觉，不知道究竟在海上漂流了多久。当他醒来时，发现自己躺在一处陌生的海滩上，海鸟在自己上空翱翔，清凉的海风吹拂着他，他渐渐清醒过来。

哥伦布是幸运的，他得到了一位老渔夫的救助。从老渔夫的口中，哥伦布得知这里便是葡萄牙了。哥伦布在老渔夫家养伤的这段时间里，经常坐在窗前，望着那无垠的蓝天碧海怔怔地出神。他脑海里不断地浮现那本百看不厌的《东方见闻录》中描述的一切。

神秘的东方，谜一样的黄金之国，如果有一天真的能到达那个地方，该有多好！哥伦布自少年时代起就一直深藏着这个愿望，他的心被神秘的东方所吸引，这使他沉浸在绮丽的梦幻中，忘掉了他的伤痛。哥伦布目前从事的这种“贸易”生涯无法给他带来满足，他的志向是航向更广泛、更遥远的亚洲去。

经过几天的调养，哥伦布痊愈了，于是他告别了老渔夫，独自向葡萄牙的首都里斯本出发了。

几天后，死里逃生的哥伦布出现在里斯本的码头上。虽然此时的他蓬头垢面、衣衫破旧，但他仍然体格健硕、精神饱满。

里斯本不愧为一个大商埠，港湾里大小船只桅杆林立，显得异常热闹，岸边的劳工装货、卸货忙个不停。

码头上穿梭来往着形形色色的人。有皮肤黝黑、嘴唇厚实、头上顶着货物的非洲人，也有衣着华丽、身佩短剑、蓄着短须的高贵绅士，更有一些身上散发出东方高贵香料气味的漂亮淑女……眼前的这些，哥伦布在热那亚可从未见过。

哥伦布在岸旁的一块石头上坐了下来，充满好奇地观察着码头上的一切。卸货工人的吭唷声、满载货物的车轮的转动声、马匹嘶鸣声像动听的音乐。

哥伦布在里斯本认识了一位地图行的老板。在里斯本，哥伦布没有其他的亲人，于是他决定留在地图行老板家里帮他做事。对地图行的老板来说，有哥伦布这样一位航海专家在店里帮忙，真是得力不少。

里斯本的地图生意很好做。从地中海开往北欧方向的船只，必定要到里斯本顺便买张海图回去。

“我就是看中了这一点，才到里斯本来开店的。生意实在太好了，简直供不应求呢！”

听老板这么一说，哥伦布立刻写了一封信给弟弟巴托洛梅，把这里的情况告诉他，并要他来里斯本跟他一起发展事业。

巴托洛梅来里斯本大概要花上一个月的时间，哥伦布就利用这段时间坐船到北欧去了一趟，同时又忙着调查非洲西海岸的海图，访问那些从非洲西海岸航海归来的船员，听取他们的所见所闻。

他心中的疑问虽然化解了一部分，但是关于赤道以南的情形他还是不清楚。“葡萄牙的探险船要到什么时候才能发现通往印度的航道呢？如果不绕过非洲，而经由大西洋向西航行，是否可能到达印度？”哥伦布的心中开始有了这样一个想法。

这一天，弟弟巴托洛梅终于来到了里斯本。他还为哥伦布带来了一张托斯堪内里的地图作为礼物。对哥伦布来说，再也没有比托斯堪内里的地图更有价值的礼物了。托斯堪内

哥伦布雕像

里是意大利数一数二的地理学家，他赞同地圆学说。同时，他还根据这种理论绘制了一份完整的地图。他是第一个决定把西欧海岸和亚洲之间的关系表现出来的人。托斯堪内里用坐标把地球仪的投影图标示出来，并描画出 60° N 以南的整个北大西洋海域。可惜的是，这份地图却在一家图书馆里被束之高阁，无人问津。

“谢谢你，巴托洛梅，你想得真周到。葡萄牙的航海家们一直以为只有东回绕过非洲的航道才可以通往印度，可是，在托斯堪内里的地图上，却描绘着我自己的想法。”哥伦布于是开始计划实施一次“西回印度航道”探险的创举。

但是，这是一项大事业，若是没有丰厚的经济支援，是不可能实现的，而能提供这么一大笔经济支持的，只有各国的政府。在这个陌生的国度里，哥伦布将要开启怎样的人生呢？

航海家的婚姻

虽然哥伦布确信地球是圆的，但他仍是一位虔诚的基督教徒，每逢周日，哥伦布必到里斯本的教堂做礼拜。他在教堂里还结识了一位美丽的金发姑娘，名字叫做费丽帕·德莫尼斯。

费丽帕的外公曾是恩里克王手下的一名极为干练的航海家，也曾担任圣港岛的总督。费丽帕同母亲伊莎贝拉靠世袭了官位的舅父付给的生活费相依为命。她们的生活虽然称不上清贫，但与真正的贵族相比，还是捉襟见肘。

哥伦布与费丽帕相爱后，便来到伊莎贝拉面前，请求她把女儿嫁给他。伊莎贝拉很看好眼前的这位年轻人，欣然同意。1479 年的夏天，哥伦布和费丽帕举行了婚礼。

伊莎贝拉很赏识自己的女婿，知道他热衷于航海探险，于是便将家中留下来的一些海图、航海日志等一并给了哥伦布。这些资料，日后对哥伦布起到了极大的帮助。

婚后，哥伦布取得了葡萄牙的国籍，他终于能够和葡萄牙人到非洲西海岸的几内亚参加航海探险了。

平时，哥伦布靠着绘制海图维生，收入虽然不错，但他们的生活依然很俭朴，因为他经常要寄钱给热那亚的家。直到他们迁居到圣港岛以后，经济情况才较为宽裕一点。

圣港岛位于大西洋上，岛上有一个专为来往于欧洲西海岸的贸易船补给食物和淡水的港口，在圣港岛生活的这段日子平静而愉快，哥伦布的第一个孩子就是在这里出生的。哥伦布给这个孩子取了一个跟自己最小的弟弟相同的名字——迭戈。

在这期间，哥伦布曾寻找过沉睡在大西洋某地的陆地迹象，类似的传说也令他激动不已。1452年，亚速尔群岛的最后一个岛屿被发现。当时人们对一个叫做勃兰丹的神秘岛屿十分着迷，葡萄牙人称有时能够远远地望见这个岛屿，但是没有一个人真正地见过这个岛。

人们还在寻找一个叫做安蒂利亚的岛，传说那里住着和睦友善的葡萄牙主教。葡萄牙在恩里克的时代曾流传这样一个说法：曾有欧洲人对安蒂利亚岛进行了造访，岛上人说葡萄牙语，探险的人在岛上发现了一些用来灭火的沙土，这些沙土里会出现金光闪闪的东西。也许他们看见的是由于气候现象引起的诸如云层或大气的折射,但他们更愿意抛开科学，凭借着想象添油加醋。

不过人们对未知陆地的猜测也不是毫无根据的，当时的确有一些漂浮物被带到亚速尔群岛的周围，如一些样子奇怪的种子，也许哥伦布就是凭借这些来推断在不远处还有一块未知的陆地的。

哥伦布经常从那些过往的船员口中获悉一些新消息和资料，他默默地把这些资料详尽地记载下来，一一加以研究。渐渐地，关于大西洋的另一边可能还有陆地的说法在他脑海里逐渐清晰起来，资料搜集得越多，他的这项信念就越加坚定。他坚信只要一直往西航行，就能到达东方，由此推论，地球是圆的，应该可以确定无疑了。

西行到东方

寻求资助

在哥伦布所生活的那个时代里，欧洲的地理学等科学正处于强大的天主教势力压制之下。天主教的教会当局认为地球的中心在耶稣基督诞生之地——以色列，并且认为地球位居宇宙中心，本身并不动，而是太阳在绕着地球转动。

但是，阿拉伯人和伊斯兰教的一些学者长期以来致力于数学和天文学的研究，他们已经测定了纬度，算出了地球圆周的数值，并且将这方面的知识应用到航海上，利用罗盘航行于印度和非洲之间。

有了拉丁文阅读能力的哥伦布，根据来自各种书本的知识，渐渐发现了欧洲的地理学者们犯下的错误。虽然古代希腊的科学家早就说过地球是圆的，但是天主教的教士们却不承认这种理论,偏说地球是平面的。不过在那个时代,对“地球是平面的”这一说法，民众是深信不疑的。地圆理论则被人视为荒谬怪诞。

“如果这个世界是一个圆形像球样的东西，那么，球的那一边的人，怎么站立得住呢？”

“真是可笑！人还能倒着走路吗？”

“那些在地球下面的人们岂不是要掉下去了吗！这怎么可能呢？”

街头巷尾都在取笑哥伦布的“疯话”。哥伦布却并不因此而灰心、沮丧，他的信念一直没有动摇，虽然他已进入中年，但浑身充满了青年人的朝气和活力。

为了实现自己“西回印度新航道”探险的大计划，哥伦布和费丽帕带着小迭戈再度搬回了里斯本。哥伦布参照了托斯堪内里的地图和各种书籍，并大致计算出到达印度所需要的航程。

以今天的知识来看，哥伦布犯了一个很大的错误。他把每一经度的大小弄错了，最糟糕的是，他认为地球的七分之六的面积是陆地。但是也正因为这个地理知识上的误区，哥伦布才会绕经更远、更危险的非洲，最后发现美洲大陆。

不管怎样，哥伦布好不容易才算出了欧洲到印度的航程，并将这趟航海所需要的船只大小、船员人数、食品、武器、贸易品等项目一一算好，列出清单。由于费用太过庞大，如果没有国家的大力支援，势难成行。

“那么，只要国王批准，这项计划就可以付诸实施了？”巴托洛梅说。

“问题就在这里呀！葡萄牙因为和西班牙打了四年的仗，国库亏空，现在财政很困难。”哥伦布无可奈何地说。

“不过，最近继位的国王约翰二世，对印度航道的开发相当重视。只要他能得到亚洲的财富，在战争方面所用掉的钱很快就可以捞回来的。如果现在向他提出西回的计划书，也许可以获得他的支持呢。”

哥伦布在巴托洛梅的鼓励下，四处奔走，终于在贵族们的引荐下，哥伦布获得了晋谒国王的机会。于是，哥伦布带了托斯堪内里的地图，应召入宫晋见国王约翰二世。

“横越大西洋向西打开通往印度航道的构想，看来十分有趣，我想听听你的意见。”约翰二世果然对哥伦布的构想很有兴趣。

“我有信心，按我的构想，只要航行地球七分之一的距离就可以到达印度，但是，如果循东回航道前往印度，却要航行地球的七分之六。”

约翰二世聚精会神地听着，觉得哥伦布的构想是有理有据的，但是他也得到了一些非常适时的消息：丹麦和挪威王曾派遣了考察队，根据考察队员回来后对他们找到的那片土地进行的描述，那些地方原来是非常贫穷的。但是哥伦布的坚定信念和魅力对约翰二世产生了影响，于是，他召开了一次会议，与会的有贵族、臣属、地理学家和著名的航海专家等。

国王首先发言：“我们在过去曾接二连三地派出探险船，由非洲西海岸向南进发，目的是要发现通往印度的东回航线，但是都没有显著的成就。今后我们是否应该继续进行东回航道的探求，或者改采纳哥伦布所提出的新计划，希望大家尽情地发表意见。”

“这位名叫哥伦布的热那亚人是个彻头彻尾的牛皮大王。”

“如果把这种人的话当真，依言派船出海，岂不是有损我们葡萄牙的国誉吗？”

不过，也有人为哥伦布辩护：“哥伦布的计划确实很周详、牢靠，绝不是一个只会吹牛皮的人所能做到的。况且，他的航海经验也很丰富。”

“假使这项航海计划成功，哥伦布有什么要求？”

“他所提出的条件是：第一，授予他贵族头衔；第二，封他为印度总督，他要收取印度全部收益的十分之一，而且在他死后，其地位要由他的儿子来承袭。”

贵族们听见约翰二世这样说，不禁大吃一惊，哥伦布的要求实在太过分了。但是约翰二世却对哥伦布的计划十分重视。于是，那些反对哥伦布的贵族们便想了一条计策，他们暗地里派了几个人去故意和哥伦布接近，表示对他的构想非常感兴趣，愿意竭尽全力协助他去实现这项计划。

老实的哥伦布毫不怀疑，竟把他们视同知己，谈得极为投契。他们经常聚在一起研究、商讨航海的各项细节、计算所需的费用、人员、物资等等。就这样，这些心怀不轨的人，把哥伦布探险计划的详细情形，摸得一清二楚。

然后，那些贵族大臣们开始暗中筹备，不久以后，他们偷偷地派遣一支船队，秘密地出发了。只要这次探险成功，那么一切功劳岂不都是自己的了！不料，人算不如天算，这支船队出发后不久，就在海上遭遇到一场暴风雨的袭击，几乎全船覆没。

这批人的经验和能力都不足，眼看前面是一望无际的浩瀚汪洋，还不知有多少的惊险和困难在等着他们呢！这一趟的探险到底有多少成功的把握，谁都没有信心。他们不敢再盲目地前行，于是便掉转头来，狼狈地返回了。

而此时的哥伦布还在等着宫里的消息，希望国王能批准他的探险计划。贵族大臣们偷偷派遣探险队的事情慢慢地在里斯本传开了，哥伦布的愤怒是可以想见的，他对那些经常出入宫廷的上流社会人士深感痛恨，对他们那种卑劣行为尤为不齿。同时，国王拒绝了哥伦布的计划，认为这是一个十分没有把握的冒险计划，如果能够找到一条绕过非洲去印度的好路，也许更为现实。

正当哥伦布备尝失意的痛苦滋味时，他的妻子费丽帕因病去世了！遭受双重打击的哥伦布几乎崩溃了。他渐渐地觉得在葡萄牙继续待下去也是毫无意义的，于是决定去西班牙碰碰运气。

虽然约翰二世没有同意哥伦布的计划，但为了防止哥伦布投靠别国去实现他的计划，约翰二世特意派人看守着他。

1484年年底，哥伦布带着5岁的迭戈偷偷地溜出里斯本。

然而，这位年轻的约翰二世万万没有想到，由于他们拒绝了哥伦布的计划，葡萄牙将要失去多么大的利益。

在西班牙南部地中海沿岸，有一个现在已经荒废了的港口，叫做帕洛斯。从葡萄牙越过国境逃过来的哥伦布带着年幼的儿子步履蹒跚地走到帕洛斯的市镇。又累又饿、疲惫不堪的父子俩来到帕洛斯一座小山上的修道院，他们敲响了修道院的大门，便体力不支地双双倒地。

修道院中走出了几位修士,把哥伦布和迭戈搀扶了进去。

帕洛斯的这家修道院里有一位佩雷什神甫，他深具教养，又善于观人。佩雷什从哥伦布的脸上就看出他不是一个凡庸的人物。佩雷什神甫马上叫人端出面包和牛奶，让哥伦布父子填饱肚子。

父子两人狼吞虎咽地饱餐了一顿以后,精神恢复了不少。哥伦布向神甫一再地致谢，并告诉迭戈不要忘记祷告，以感谢耶稣基督和圣母玛利亚的恩典。

佩雷什神甫一直以慈祥、同情的眼光打量着这一对落难的父子，在神甫真诚、和蔼的目光下，哥伦布向他倾诉了自己的经历。最后，他还不断地强调着："我确信，从大西洋一直往西航行，就可以到达东方。"

佩雷什神甫耐心而仔细地听完哥伦布的叙述，他暗忖："眼前的这位中年人，虽然潦倒不堪，风尘满面，但从他文雅的谈吐和仪态来看，应该是一位学识渊博、并有丰富航海经验的人，而且他满怀理想，意志坚强，我应该尽我之力去帮助他。"于是，神甫缓缓地对哥伦布说道："你的通往印度的西回航线计划确实很有见地。不过，西班牙现在正和伊斯兰教徒打仗，可能没办法立刻派出探险船队。不过你放心，我会尽我的能力来帮助你实现这个计划的。"

接着，这位神甫又以一种十分神圣的语气说道：“人们都向往东方的黄金、珍宝和高贵的香料，不惜冒险前往寻求。圣经上告诉我们说，人，不仅仅是为了面包而生存，真正的基督徒不应该一味地追求财富。”

面对神甫的质疑，哥伦布回答说：“您说得对，我的这项计划是基于另一种信念和心愿，绝不是仅仅为了东方的财宝而动心。我认为世界是一个整体，都是神所创造的，所有的人类都应亲如手足、和睦相处、互助互爱，这样人类才能幸福。而向东方传播耶稣基督的福音，就是我唯一的愿望。为了达成这一心愿，我不知道经历了多少的艰难困阻和冷嘲热讽，有人讥讽我是疯子，有人骂我是想发洋财的投机分子。我相信耶稣基督，一定会助我完成这一理想和心愿的。”

年高德重的佩雷什神甫也精通地理学和航海学，他在西班牙的宫廷里也有很多朋友，是一位颇具影响力的人物。他一方面被哥伦布的真诚所感动，另一方面，以他自己所具备的航海知识来判断哥伦布的计划，他相信哥伦布不是痴人说梦，于是，他决心全力相助。

佩雷什神甫紧握着哥伦布的手说：“哥伦布先生，让我慢慢来想办法。这不仅是为了你，同时，也是为了西班牙，这项计划必须要实行，因为你是上帝的使者。”被人当作笑柄而逃出葡萄牙的哥伦布，首次遇到了一位真心欣赏他的人，这使得他非常兴奋。

佩雷什神甫把哥伦布的计划，向帕洛斯的居民们传了出去，当地一些有头有脸的人听到了这个消息，都相继前来修道院拜访哥伦布，热心地听取他的说明。这期间，哥伦布还结识了圣方济会塞维利亚区的圣物保管人安东尼奥·德马切纳。德马切纳除了是一名宗教人士以外，还是一位宇宙学爱好者。他的话在当地甚至宫廷都很有分量。德马切纳听了哥伦布的计划后，也认为是可行的。

佩雷什神甫立刻决定向西班牙王室推荐哥伦布的这项计划，他同时写了一封恳切的介绍信给他的好友——一位在宫廷里颇有影响力的教会人士。此外，佩雷什神甫为了使哥伦布没有后顾之忧，让他的幼子迭戈暂时留住在修道院，并负责教养。

当时，西班牙是由阿拉冈的王储斐迪南和卡斯提未来的女王伊莎贝拉所统治。1469 年，斐迪南和伊莎贝拉联姻，西班牙就此统一。伊莎贝拉是位非凡的女王，她不仅有极高的文化修养，同时感觉敏锐，具有高超的外交手腕。曾有人这样描写过她：

> 这位女王体态匀称，外表俊美，身材修长……她看起来和蔼而坦诚……她能听取他人建议，但在决定时却颇有主见，不为他人所左右……这是一位心地善良的女人，但她也会大发雷霆，国中的豪绅巨富和其他有权势的人物都害怕引起她的愤怒。就秉性和爱好来说，她喜欢正义，并努力遵守自己的诺言……

长期以来，西班牙人和国内信奉伊斯兰教的摩尔人争战不休。最后的胜利虽然势必属于西班牙人，但是，据守在格拉纳达地区的摩尔人仍然进行着顽强的抵抗。

哥伦布把孩子暂时托付给修道院代为照顾，一个人前往旅行。他在佩雷什神甫的安排下，要去晋见伊莎贝拉女王和斐迪南国王。但是，国王和女王却正在格拉纳达督战。

若想成就伟大的事业，就必须有高度的忍耐力和大无畏的不屈精神。哥伦布只好经由佩雷什神甫安排，暂住在德古斯曼公爵的府邸，耐心地等候着晋谒国王和女王的机会。

“我这样子等下去，不知要等到何年何月，万一被葡萄牙人抢了先，一切的努力都将成为泡影了。”在德古斯曼公爵府邸等待的期间，哥伦布一直焦虑不安。

这时，国王和女王得知了哥伦布的计划，便请哥伦布到他们在科尔多瓦的官邸一叙。哥伦布到了科尔多瓦，但国王一家又在他到达之前起身去马德里了。哥伦布扑了个空，心里十分懊恼，不过在这里，他幸运地结识了德门多斯，他是西班牙的红衣主教，同时也是国王的头号大臣。这还不算，哥伦布还与一位名叫贝特丽丝·恩里克斯的女子相爱了。

心地善良的恩里克斯是葡萄园园主的女儿，她总是安慰和鼓励哥伦布，在哥伦布最困难的几年里，她一直是他的伴侣。可是在哥伦布看来，他与恩里克斯的婚姻与他未来印度总督的身份是不相匹配的，所以他始终没有娶恩里克斯为妻。

日子一天天地流逝，哥伦布经常独自踯躅在街头，当地的人们见到这位潦倒不堪的外乡人居然受到显贵的重视，而且还经常出入于宫廷，不免因嫉妒而讥嘲，也有人骂他是怀着幻想的投机分子或疯子。不过，时日一久，凡是和他接触过或是与他交谈过的人，无不被他的热情和抱负所感染，人们逐渐由了解而对哥伦布钦佩和同情起来。

1486年，国王一家回到了科尔多瓦，斐迪南国王准备正式召见哥伦布了。

哥伦布得知消息后，当即换了衣服，英姿焕发地向国王的官邸进发。哥伦布兴冲冲地赶到了那里，宫廷中派人通知他说，国王准备第二天接见他。

翌日一大早，哥伦布就把一切资料准备齐全，带往宫中。斐迪南国王很礼貌地接见了他，并仔细地听取了他的计划。伊莎贝拉女王才智出众、英明有为，而且极富同情心，也是一位虔诚的基督徒，她的能力似乎不在斐迪南国王之下。当她获悉哥伦布的探险目的，不仅是为了东方的珍宝、财富，而更是希望把基督福音向东方传播时，深为嘉许。

国王和女王没有立即决定，最后，斐迪南国王对他说："计划确实设想得很周到，如果能够成功，不仅可以向东方传播基督福音，还可以通过与亚洲方面的贸易而获得巨大的利益。不过，这件事情也不能由我一个人来作决定。"

隔了几天，国王再度把哥伦布召去，请他列席会议，对学者、教士和贵族们讲解他的计划。哥伦布取出了随身带来的海图，以稳健有力的语调对航海计划作了详细的说明。

席中，那些思想迂腐、顽固的教士们不断地提出愚蠢的问题：“如果说地球是圆的，那么，地球背面的海水岂不是会全部流掉了吗？”“住在地球背面的人，到底要怎样行走呢？”

哥伦布在一一答复了这些问题之后，以充满自信的口吻说：“我的计划实现以后，一切就都清楚了。”

斐迪南国王也陷入了深深的思考中，这毕竟是一件需要花费大量金钱的事，而且如果在同摩尔人作战期间，单单为了也许会有利可图的航海而惹恼了邻居葡萄牙，这可是不明智的，这件事非同小可。

一番思索过后，斐迪南国王吩咐道：“航路的发现固然重要，但是把伊斯兰教徒赶出西班牙，使战争早日了结，却是当务之急。这事留待以后再办，也不会太晚。”之后，国王每月向哥伦布发放足够的生活费用，让他在西班牙能够安心地住下去。安排好一切之后，斐迪南国王又匆匆地返回到战地去了。

1488 年，恩里克斯生下了一个可爱的男孩，哥伦布为他取名为费南多。

一转眼，哥伦布来到西班牙已经有 4 年了，而出海的希望却越来越渺茫。哥伦布听闻格拉纳达都城的摩尔人的部队至今仍然顽强抵抗，西班牙军无法越雷池一步。

回到了帕洛斯的哥伦布，40 岁还不到，可是头发却已经灰白了。“等到战争结束时，说不定我已经衰老，没有体力再出海远航了！”哥伦布越想越不安，只得再去找佩雷什神甫商量。

哥伦布感叹地说：“我打算离开西班牙，如果照这样无限期地逗留下去，徒然蹉跎岁月，终将一事无成！”

佩雷什神甫同情地反问说：“你似乎认为，在西班牙大概是得不到国王和女王的支持了，可是，你又准备去投靠哪一国呢？”

“我想前往法国，以前我曾在法国舰队待过，所以，我打算派舍弟巴托洛梅出面，代我向法国国王请求援助。”哥伦布回答说。

“你的处境我很了解。可是即使你去了法国，也未必能如愿。我认为在事情决定以前，还会拖很长的时间。这样好了，让我再写一封信给宫里的朋友，等到回信了再说吧。”

哥伦布谢绝了神甫的好意，他屈服了，失望地回到了葡萄牙。这次，约翰二世向哥伦布提供了护卫队，但此时哥伦布的回归实在不是时候。航海家迪亚士已经出发去寻找印度，他们发现了刚果河口。1488 年，迪亚士惊喜地发现海岸向东延伸了。在返回的途中，他们绕过一处海角，这里后来被约翰二世命名为好望角。就这样,通往印度的道路被打开了。

迪亚士的凯旋使约翰二世对哥伦布瞬间失去了兴趣，如今哥伦布在他眼里，不过是一位满口疯话、形迹可疑的人。哥伦布见葡萄牙对自己毫不关注，于是又回到了西班牙。

女王的派遣

遭遇了连连的挫败之后，哥伦布将所有的希望都寄托在弟弟巴托洛梅身上，1488 年年底，巴托洛梅离开了里斯本投奔了英王亨利七世，希望亨利七世能资助哥哥的计划。但英王并未答应。接着，巴托洛梅又赴法国投奔查理八世。

这时，佩雷什神甫为哥伦布在宫里打通了关系，让哥伦布结识了西班牙很有权势的平松兄弟。哥哥马丁·阿隆索·平松是西班牙有名的船主，他和弟弟弗朗西斯科·马丁·平松都很热爱海上航行，兄弟二人十分支持哥伦布。

1491 年，格拉纳达被围困，这场战争终于由西班牙获得了胜利。伊莎贝拉女王终于同意再次召见哥伦布了，并寄给他一笔钱，让他穿得体面一些。

再次会面，斐迪南国王首先对哥伦布说："我等待今天这个日子，已经很久了。在摩尔战争获得胜利的现在，西班牙还必须再打赢另外一场战争。那就是与葡萄牙之间的，打开印度航道之战。"

哥伦布面对着国王和满座的贵族，滔滔不绝地说道："关于葡萄牙国王约翰二世所派出的迪亚士舰队的事情，不知道国王陛下是否听闻？在三年前的8月出发的迪亚士舰队，到了第二年就绕过了非洲大陆最南端的海角，发现了印度航道的入口。约翰国王为了祈求印度航道能由此而开通，就把这个海角命名为‘好望角’。”

斐迪南微微颔首说：“这事我当然知道。”

哥伦布继续滔滔不绝地说下去：“预计葡萄牙在最近数年内，可能会发现印度航道，而取得不少的领土。但是，我却知道通往印度的捷径。所以，我有信心，可以抢在葡萄牙之前，开出一条通往印度的航道。”哥伦布竭尽全力地争取着成功。

“我承认你的计划确实有价值。现在战争已经结束，我可以考虑支付你所需要的航海费用。”

哥伦布一方面对弟弟巴托洛梅能很快得到法国的支持满怀着希望，一方面又十分不满西班牙对自己一再拖延的轻慢态度，于是，他在同西班牙所谈的条件中，也附加了要进入贵族阶级，要得到总督的职位，并赐给他大西洋海上将军的称号。当时的大西洋，可是欧洲人所知道的最大的海域。不仅如此，他所发现的土地上的所有经济收入的八分之一都归他所有，并且那里的一切冲突和争讼都由他审理。

很多人觉得哥伦布是个贪心不足的、利欲熏心的人，但他对官职和贵族头衔的热衷是他所处的时代的需要。但不幸的是，国王听了哥伦布的这些条件后，似乎就已经对大西洋

哥伦布塑像

的冒险计划没什么兴趣了，他们决定对哥伦布这种沽名钓誉的行为不加理会。

哥伦布穿着用女王的钱买的衣服，重新背起从佩雷什神甫修道院的地窖里弄来的食物，孑然一身地离开了正沉浸在打败了摩尔人喜悦中的营地。在他刚刚离开国王的营地之后，国王的两名财政大臣站出来讲话。他们觉得哥伦布的计划是可以执行的，因为如果哥伦布失败了，那就可以不用奖赏他；而如果他成功了，那么国家就值得花这些钱。同时，哥伦布也得到了西班牙市民阶级的某些代表人物的支持。

在哥伦布还没有通过比利牛斯山脉进入法国之前，国王的使者从营地快马加鞭赶上了他，要他返回。哥伦布跟着使者重新回到国王的营地之后,得知自己的计划终于被接纳了。面对这来之不易的机会，哥伦布激动万分，很多官员也欣喜地向哥伦布道贺：“伊莎贝拉女王好比是一位女神，她对你发出了微笑。”

伊莎贝拉女王一面对犹豫不决的斐迪南国王婉转相劝，一面就各项细节问题和哥伦布进行磋商。最后，斐迪南国王终于被伊莎贝拉女王的热诚所感动。可是西班牙刚刚结束和摩尔人的战争，国库空虚，一时也拿不出钱来。这时，女王作出了一个惊人的决定，她要自己出资来资助哥伦布！

一切敲定之后，就可以签订正式文件了。斐迪南国王看过了协议书草案之后，决定在 1492 年 4 月举行签字仪式。协议书的内容，几乎符合了哥伦布所提的所有要求。

在宫廷的大厅内，斐迪南国王和伊莎贝拉女王并排而坐。哥伦布缓步上前，站在国王夫妇前面，担任司仪的官员开始诵读协议书：

> 第一条：克里斯托弗·哥伦布应被任命为经其发现而成为西班牙领土之土地及大陆的西班牙海军提督，其地位应由哥伦布子孙代代承袭。
>
> 第二条：哥伦布应被任命为该项土地及大陆的总督。
>
> 第三条：哥伦布对其土地及大陆所发现之金、银、宝石、香料以及其他物产，拥有十分之一的所有权。

协议书的条款，也规定哥伦布将被任命为新发现土地的法官。将来万一为利益的分配问题而在西班牙人互相之间发生争执时，就由哥伦布担任裁判。

其次是关于航海费用的规定，哥伦布同意负担所有一切费用的八分之一，但是相对地也可以获得全部利益的八分之一。

宣读完毕以后，斐迪南国王问哥伦布说："以上，大概没有什么地方需要再补充的吧？"

"是的，陛下。"

"从今天起，你就是贵族堂·克里斯托弗·哥伦布了。我希望你即刻进行出航的准备，并衷心祝福你顺利、成功。"

"为了上帝和西班牙王国的名誉，我一定会尽快地带着好消息回来。"哥伦布向国王和女王许下诺言后，退出了宫廷。现在，再也没有什么事情需要考虑的了，只需把计划付诸实施就是。

冒险之旅

在帕洛斯小山上的修道院里，佩雷什神甫和院里所有的人都纷纷向哥伦布表示庆贺和祝福："恭喜你，哥伦布！" 1492年5月的一天，政府的官员在广场上召集市民，下达了国王的命令：哥伦布航海所需的三艘船只及船员应由全体市民共同协力。命每位商人必须按照可以接受的价钱提供哥伦布所需的一切物件，以此作为不再增收他们税收的条件。同时，国王赦免了所有参加哥伦布航海冒险之旅的罪犯。

帕洛斯的市民们听到这项宣告，立刻产生一阵骚动，他们群集在广场上，议论纷纷。当时的人们都认为大西洋的那一边是一个极为危险恐怖的地方，经常会有魔女出现，以妖异的歌声迷惑人的心志。在惊涛骇浪中，还会有可怕的巨龙袭击船只，一旦遇上巨龙或魔女，就绝无生还之望。所以在民众看来，往大西洋的西方航行无异于是去送死，纵使有国王的命令和巨额的赏金，也无法打动他们的心。

人员和船只都无法顺利地调集起来，这使得哥伦布感到心焦。佩雷什神甫见此情形，又自告奋勇地分访地方最有力的人士进行说服工作，并促请平松兄弟助以一臂之力。平松兄弟对哥伦布的航海计划原来就抱有觊觎的念头，如果可能的话，他们很想靠自己的力量抢先开辟出到印度的航道。哥伦布内心对平松兄弟的这种企图，也有所警觉，因此，他宁愿找其他的搭档，也不想借助于平松家族的力量。

哥伦布为了调集船只和船员，大约花了两个月的时间，四处奔走呼吁。但是，大家都异口同声地表示，即使薪金再高，这种可怕的航海他们也不愿干。为了钱而丢了性命，那才划不来呢！

哥伦布没有想到，国王和女王接受了他的请求，但航海计划依旧无法实现。在他无计可施的时候，马丁·阿隆索·平松在装备船只和配备船员等问题上给了哥伦布极大的帮助。没有他的大力支持，哥伦布可能永远无法起航了。但马丁·阿隆索对哥伦布的帮助并不是无私的、不计报酬的，他要求带着他的兄弟一起随哥伦布出航。

哥伦布无奈地接受了平松兄弟的帮助，但他实在无法释怀，佩雷什看出哥伦布内心的顾虑，安慰他说："如果平松兄弟在航行途中不听指挥，或反抗你，国王不会饶过他们的。让我来做个仲裁人，劝他们跟你好好地携手合作吧。”

佩雷什神甫马上去找平松兄弟商量，他对平松兄弟说：“哥伦布的这项探险计划确实是有见地，不但可以把上帝的福音传播到东方去，而且可以为我们国家带来巨大的财富。所以，国王非常支持他，希望他能够一举成功。

“目前，唯一的困难是船只和人员的问题不容易解决，希望你们能够全力相助，如果这次航海顺利回归，将来能带给你们的利益绝对不会少，请你们好好地考虑一下。”

平松兄弟都是富于冒险精神的航海家，秉性也很刚直，只是前些日子听到哥伦布的探险计划时，有些贪功心切，企图独自去完成这一壮举。但经仔细考虑过后，发现自身的学识、经验都终究不及哥伦布，如果撇开哥伦布而独自去探险，没有百分之百的把握，倒不如彼此合作，共襄盛举，对自己反而会更有利。

等到佩雷什神甫离开平松家后，平松兄弟经过商量后决定，把他们的“圣玛利亚”号借给哥伦布，并由他指挥。

于是，在佩雷什神甫的斡旋下，哥伦布和平松兄弟决定建立合作关系。平松兄弟同意提供船只，并代垫哥伦布所应负担的八分之一航海费。同时，他们又鼓起了如簧之舌，到处招募船员：“参加这次航海，包管可以发大财。”“亚洲各地，有取之不尽的黄金和珠宝。”“在这次航海中首先发现印度陆地的人，不但会获得女王的重赏，还可以得到一大笔的年金呢。”

“圣玛利亚”号模型

在平松兄弟的大力宣传下，他们招募到了众多船员。

哥伦布这次航行共有三艘船，其中旗舰“圣玛利亚”号由哥伦布指挥。此外还有“平塔”号和“尼娜”号。“圣玛利亚”号载重约120吨，吃水量7英尺左右。现在总算有了三艘船以及众多经验丰富的船员，大致说来已稍有眉目了。

如果以现代的标准来看，这简直是儿戏一般，因为这三艘船的简陋程度，比起现在的内河或沿海航行的小船还不如。哥伦布本人也对旗舰“圣玛利亚”号并不十分满意，他觉得“圣玛利亚”号不灵便，它十分笨拙，在航行途中时常被轻快的“平塔”号和“尼娜”号超越。这两艘轻快、敏捷的船的船首和船尾都建得高高的，有瞭望楼和船室，但是没有甲板。

这三艘船，从外形看来，比较适合于风平浪静的地中海，以这样的船只来渡过大西洋，令人有脆弱而不太可靠的感觉。但是，他们没有足够的金钱和时间来建造大船，而且，经费也必须尽量节省。

这样简陋的船只即将向狂涛骇浪的大西洋进发，在一般人的心目中，这几乎是绝无成功可能的冒险。同时，哥伦布可不像文学作品中的那些大探险家，都有一些志同道合的伙伴，或是忠贞可靠的部下，哥伦布连一个亲信的部下都没有。三艘船的船员几乎都是平松家的亲友或是他们熟悉的海员。这些船员，虽然有航海的经验，但多半存着迷信心理和恐惧心情，他们应征前来，一半看在平松兄弟的情面，另一半是被巨额赏金所吸引。如果一路顺利平安，那还无所谓，万一途中遇到困难而引起叛变，那真是不堪设想！

哥伦布率领着这批人从事航海探险，好比是带领着一群虎狼，真是险上加险。但是对于哥伦布来说，冒险不正是他所追求的过程吗？他的伟大就在于此，他不忧不惧，凭着信念而勇往直前。面对茫茫的大海和未知的旅程，能支撑他的除了他在天文、地理、气象、测量等方面的知识外，就是他的信心与勇气了。他坚信，神选定了他不为私利而向东方传播基督福音，就必定会协助他完成任务。

豌豆、面粉、熏肉、水、葡萄酒、蜂蜜和武器等物已经陆续地运到了三艘船上。上百名的船员和宫廷派来的船医、记录员、领航员等一应人等也都到齐了。

1492 年 8 月 3 日的黎明，所有的出航准备工作已经全部就绪。辉煌的大航海时代，就要揭开序幕了。

哥伦布坐镇“圣玛利亚”号，负责指挥整个船队。“圣玛利亚”号的船长是胡安·德拉科萨，舵手是年轻的佩拉隆索·宁诺。马丁·阿隆索与弗朗西斯科两人指挥“平塔”号，文森特·亚涅斯·平松指挥“尼娜”号。

“上帝啊，保佑他们这个船队吧！”佩雷什神父的祈祷声在晨雾笼罩下的帕洛斯港码头上空回响着。

在一片告别声中，传出了船员们的啜泣声。除了哥伦布和平松兄弟以外，出于自愿而参加这趟航海的船员寥寥无几。一旦出了海以后，他们也许永远也不能再和自己的亲人见面了。

“起航啦！上帆——拔锚——”哥伦布站在“圣玛利亚”号的甲板上，凛然发号施令。海员们拔出巨大的锚，三艘船的船队张起了那画有十字的布篷，缓缓地驶离了帕洛斯港。市民们叫喊着、追随着，向他们挥着手。船队穿过了地中海，进入大西洋，迎接他们的是一片宁静。随后，哥伦布命舵手把航向对准南方的西班牙属地加那利群岛。加那利群岛位于非洲西海岸的附近，是金丝雀的原产地。

自起航以后，船上的人就满脸狐疑，他们不明白为什么去印度不是向亚速尔群岛行驶，而是向加那利群岛驶去。哥伦布听到有船员提出疑问，便回答他们说：“难怪你们有这样的疑问，我是根据多年来的调查研究，知道这一带海风的种种变化，所以才这样做的。照理说，我们是应该向亚速尔群岛方向航行，但在目前这个季节，风向刚刚相反，若是往西而行，反而会被风吹向葡萄牙去。我决定先驶往加那利群岛，是因为那里的风向正好可以把我们的船推向西方啊。”

听了哥伦布的解释，船员们都由衷地敬佩。凡是有关这一带海域的问题，哥伦布无不了如指掌。因此，这件事情对他来说只是牛刀小试而已。

海上平安无事，船队一天、两天地顺利前进。没想到，8月6日的一天，“平塔”号突然发生了故障，原来是舵轮松脱了，有迹象显示，这次故障很可能是对这次航海感到不安的船员为了急于返回西班牙而做的手脚。幸而经验丰富的船员利用绳索缚住了松脱的舵轮，才把问题解决了。可是，到了第二天，舵轮再度脱落，同时船尾部分也进了水。“平塔”号的速度骤然减缓下来，“尼娜”号和“圣玛利亚”号也不得不跟着减低航速，在海上缓缓而行。这次故障，哥伦布在航海日志中这样记载道：

> 所有人都怀疑“平塔”号的故障是一个叫拉斯孔的家伙在克文特罗的唆使下干的，因为克文特罗厌恶这次考察，在起航前我就发现他们玩了花招。

但无论如何，他一定要完成这次任务，就是最后只剩下一只船，他也不能半途而废。

哥伦布下令船队朝大加那利岛行驶，希望在那里能找到另一艘船，或找个熟练的技工帮助修理“平塔”号。可是船队经过了七天的航行才到达加那利群岛的大加那利岛。哥伦布原本打算在这岛上找另外一只船来替代“平塔”号，结果却没有找到。

“没有办法了，在船尚未完全修复以前，先暂停航海。”哥伦布委托马丁·阿隆索留下来同“平塔”号单独航行，而哥伦布自己连夜率“圣玛利亚”号和“尼娜”号向戈麦拉岛驶去。

在之后的二十多天时间里，马丁·阿隆索拼命地督促着船员们进行换装新舵轮和修补漏洞的工作。只因为损坏了一只船，就白白地浪费了二十多天。这些耽误了的时间，今后还要设法补回来。为了要使“平塔”号增加速度，原有的大三角帆被换成了四角帆。

“圣玛利亚”号和“尼娜”号在圣塞瓦斯蒂安岛那待了几天，弄来了很多饮用水和柴火，添置了些鱼干和奶酪。一切安置好后，还迟迟没有“平塔”号的消息。哥伦布觉得不安，于是又驾船向大加那利岛进发。

离开了圣塞瓦斯蒂安岛之后不久，前面出现了捷涅里弗岛。这是一座火山岛，岛中央的火山顶正有一股浓烈的火焰和黑烟冲上天空。船员们看到这种情形，纷纷不安地嚷了起来。

“这一定是上帝在生气了！”

“世界的末日到了！”

哥伦布见他们越说越离谱，就严加训斥说：“这只不过是火山爆发的现象罢了，有什么好害怕的！你们这样动不动就大惊小怪，怎么能从事长途的航行呢？”

于是，船队有了一个千载难逢的机会观看了捷涅里弗岛的火山爆发景象。

在他们回到大加那利岛之前，岛上的铁匠已将“平塔”

号整修一新。9 月初的一个早晨，三艘船再度出航。当“圣玛利亚”号在 9 月 5 日早晨驶出港口后，迎面驶来了一艘西班牙船。

“停停，我们有事情要告诉你们！”这艘船打出了信号。

“究竟是怎么回事？”

悬挂着西班牙国旗的这艘船，从船上放下了一只小艇，向这边划了过来。

“哥伦布在吗？”乘着小艇而来的船长语气急迫地问道。

“我就是哥伦布。请问你有什么事？”

“这附近有三艘葡萄牙船埋伏，准备拦截你的船队，请务必小心防备。他们奉葡萄牙国王的命令捉拿你呢。”

“谢谢你，我的朋友！他们的做法实在太卑鄙了！”哥伦布向这位船长郑重地道了谢，“葡萄牙国王拒绝我的要求在前，现在又要来向我寻衅，还真是蛮不讲理！哼，他要抓我，可没那么容易呢！”

哥伦布向“尼娜”号和“平塔”号分别传了话：“前有葡萄牙船的埋伏，小心前进！”

“圣玛利亚”号的航海日志有一篇这样写道：

> ……深夜，海上开始刮起东北风。航向正西。船头有大浪，船行迟滞，进度极小。日夜合计，只前进了很短的距离。

在这种情形下，最令哥伦布担心的就是葡萄牙舰队的威胁。幸运的是，哥伦布的船队并没有被葡萄牙舰队发现，安然通过了加那利群岛西端的海面。

在最后一座岛屿完全消失不见之后，水手们开始被一种莫名的恐怖所笼罩。从船上举目四顾，映入眼帘的，只有空荡荡的大海和无边无际的天空。

此后，他们要在这没有海图也没有人去过的陌生的海上继续航行。离开欧洲越远，船员们心中的不安就越强烈。

船员们都在窃窃私语，如今和亲朋以及自己的家人越来越远，何年何月才能重返故乡？西方的魔海会不会把我们连船带人一起吞噬掉？父母、妻子、儿女终日盼望我们早日回家团聚，这一天还能到来吗？万一我们都葬身魔海，我们的亲人，将如何的伤心！

船员们越想越害怕，有的泪流满面地低声祈祷神灵的庇佑，有些懦弱胆怯的竟然放声大哭起来。哥伦布看到这种情景，唯恐他们控制不了情绪，群起反抗，把船驶回欧洲，以至于前功尽弃。于是，他不得不费尽口舌去安慰、鼓励他们："你们都是富于航海经验的好男儿，大家要保持海上男儿的本色，拿出勇气来，没有克服不了的难关。东方是如同天堂般的乐园，那里有无穷无尽的黄金和珍宝等待我们去发掘、开采，那里的气候温和，到处是奇花异草和茂密的丛林，并且出产许多名贵的香料。努力吧！当我们顺利成功、满载而归时，国王还会重重地奖赏你们呢！"

哥伦布这番话，倒不是信口雌黄，乱吹一通，在他的海图上记载得很清楚，大西洋的对岸就是亚洲大陆，旁边是日本。哥伦布的目标是黄金之国——中国、日本以及印度，在他的心中，这些目标很快就会实现了。

可是，他把地球看得太小了，他做梦也没有想到还有美洲大陆和浩瀚无垠的太平洋横隔其间呢！

哥伦布为了缓和船员们的不安和恐惧情绪，不得不煞费苦心地制作两种航程表：一种是正确的航程记录，留在自己身边；另一种是公布给大家看的，能够提高士气、让船员能够安心航行的航程表。

他们继续航行，在一处海面，守望员竟然发现了沉船桅杆的断片，他大声叫了起来。大家循着他的呼喊，果然见在波浪间漂浮着一根帆船的桅杆断片，也许这是来往于非洲西海岸的一艘葡萄牙船。

“我们的船会不会遭到同样的命运？”一个细小的声音畏缩道。一路上都战战兢兢的船员们如今看到沉船的断片，更加确信他们将要接近的是一片恐怖的魔海了。顷刻间个个吓得脸色苍白，胆战心惊，浑身直打哆嗦。

三艘船只的船队在满帆东风的推动下，一路向西前进。海上的风，温暖而舒畅，令人想起了西班牙的初夏。哥伦布航海的时代，有关观测天文、气象的仪器都十分简陋。用罗盘针虽然可以测出船航行的方位，但当时的罗盘构造却非常简单，就连磁石也是几年前发现的。

9月13日，哥伦布发现了一个惊人的现象：指南针所指示的北方和北极星所指示的北方开始出现了偏离。为了避免引起船员们的骚动和不安，他秘而不宣，独自研究其症结所在。不料，有一天，这个奇怪的现象被掌舵的船员发现了，他大声地惊呼道："咦！这是怎么回事？"他这一嚷，把全船的人都吸引了过来。

"说不定是魔女把磁针给拉住了！"

"那怎么得了？我们真的已经进入魔海了！"

"没有磁针指示航线，怎么还能继续航行下去？那太危险了！"

"趁早返航吧！万一触礁，怎么办？"

大家正在七嘴八舌争吵不休时，哥伦布走了过来。大家见哥伦布来了，便七嘴八舌地询问起来："我们的磁针出了毛病，这是怎么一回事？""是啊，磁针的一端是指向南极，一端指向北极，这样子才能辨别方向，如今有了差异，将如何辨别正确的方向呢？"

指南针是当时海员们唯一指路的仪器，可以想象他们当时是多么恐惧。哥伦布心想：一定要好好安抚他们，否则会出乱子的。于是，他耐心地向他们解释说："磁针是指着地球北边的某一个地方，并非是专指向北极星而已。你们不要以为北极星是一动都不动的，其实它和别的星星一样，多少会有点变更的。这种天文学上的知识，非常深奥，一时也说不清楚。不过，这并不值得大惊小怪，大家安心好了。"

哥伦布猜到了地极和磁极之间的差异，也猜到了北极星围绕天极的圆周运动。船员们听了哥伦布的解释后，心中释然了一些，哥伦布深入浅出的解释多少起到一点安抚作用。可是，他们内心里的不安一时之间仍然无法清除，他们以将信将疑的眼神盯着磁针发愣。

船队继续向西航行，有天晚上，一位船员大声地嚷叫说："好大的火球接二连三地往海里掉下来了，这地方要变成火球之海了！"这一发现又令整个船队惊恐万分。其实，他们所看到的是彗星，诸如此类庸人自扰的事情，在航行途中层出不穷。

9 月 14 日，初升的旭日在海面映出万丈光芒，天空万里无云，海面波平如镜。周围一片寂静，没有一点风，白帆在桅杆上无力地下垂，船身无法前进。

这一天，"尼娜"号的人报告他们发现了许多鸟。这些海鸟通常是不会飞出距离陆地过远的地方的，这表明船队离陆地不远了。大家都知道，葡萄牙人就是循着鸟群发现许多岛屿的。这些鸟类的出现，燃起了船队的希望，船员们个个欢欣不已。

夕阳西下，暮色低垂，群星开始在夜空闪烁，好一幅美丽的海上景色。这时候，从东方有微风吹来，在星光下的船队缓缓地向西航行。第二天清晨，他们发现有绿色的杂草从西方水面漂来，这些杂草多半是生长在岩石缝中，从它的鲜绿的颜色看来，似乎是刚刚漂过来的。

“你看,这些草都是生长在陆地上的,而且又是那么新鲜,想必陆地不会太远了!”

“我昨天还看到一种热带地方的白色小鸟，我敢打赌，那不是倦了在水面休息的海鸟，一定是从陆地上飞来的。”

船员们对于这些现象的出现兴奋异常，精神也不像之前那样低迷了，他们甚至把远方的云层误认为是陆地而高声欢呼，当他们看清是云朵时又不免颓丧起来。这时候，只有哥伦布一个人不认为离他们很近的地方有一处陆地：

> 这一天的天气很像4月的春光，阳光明媚。在这样的日子里，我们头一次看见大批一缕一缕的新鲜绿草，看来它们像是刚刚离开陆地。大家都以为附近有个地方会有一个岛屿。我却认为，离陆地还很远。

奖金的诱惑

船队就这样伴随着阵阵惊喜在海面上行进，极目所见，尽是一片汪洋，海面上依然是死一般的静寂，几乎令人窒息。

这一天，船员们又发现了很多小鸟掠过船的桅杆，接着在船的四周出现一大群鲔鱼,船员们争着垂钓,并嚷着说:“附近一定有大岛或是陆地，来啊，看谁最先发现陆地，谁就能领得巨额奖金，大家试试运气。”

哥伦布是对的，迎接船队的并不是什么岛屿和陆地。第二天，船的周围漂来了很多海藻，哥伦布心里有些不安起来了，因为古代哲学家亚里士多德著作里曾经有“海藻之海”的记载。

据说在海上的某一处地方，海面上布满了海藻，船只如果进入这个区域就会被海藻缠住，动弹不得，直到被困死在那里为止。

正如哥伦布所料，船队抵达的只是萨尔加索沃海，这片海域是大西洋中一个特殊的区域，海面长期漂浮有大量的藻类。哥伦布自己虽然担心，却不敢把这种想法告诉船员们。他知道，如果船员们得知他们一心祈盼的陆地竟然是“海藻之海”，后果将不堪设想。

哥伦布表面上不动声色,并把测量深度的铅锤投入海中，表示海水很深，使船员们安心。可是，微弱的东风又静止下来，船队行驶的速度越来越慢。四周的沉寂以及闷热的天气使人们的情绪又开始激动起来。

哥伦布不断地为他们打气：“我们寻求的陆地，目前还不很近，不过，我相信不久后就会在这个方向出现的。据我判断，风向很快就会转变，振作起来吧！”

果然，将近傍晚时分，阵阵的西南风鼓满了布帆，带着船队前进。

但是，航行了没有多远，又发现了海藻，越往西去，海藻越多，逐渐地整个海面都被海藻覆盖着，海藻缠住了船身，使船行的速度减缓了下来。

这下子,哥伦布真的着慌了,难道真的进入传说中的“海藻之海”了吗?果真如此的话,那该怎么办呢?哥伦布一边在喃喃地默祷,另一方面却见到船员们三三两两地聚在一起窃窃私语。

“在这种地方被海藻封死,那才叫冤枉呢!”

“我们听从哥伦布的花言巧语而乖乖地航行下去,绝不会有什么好结果的,就算真的发现了新大陆,得到了黄金,要是回不了西班牙,又有什么用?”

“那么,我们干脆和别的伙伴们联合起来,返回西班牙吧。”

“要回去的话,现在还来得及呢。”

船员们的计议,很快地传遍了船内。哥伦布并非不知道船员们正在酝酿叛变,但是,他怕刺激了船员们的情绪,所以暂时采取观望的态度。

船在海藻缠绕中奋力地挣扎,幸好这时候的风势加强,这三艘探险船总算挣脱了这一布满海藻的水面,继续向西航行。

随着船队驶出萨尔加索沃海,船员们的情绪也逐渐地平稳下来,哥伦布如释重负般地长舒了一口气。当天晚上,哥伦布独自坐在船长室里沉思,他凝视着桌上的海图,心想:“照海图上所示,陆地应该是不远了,可是,在没有发现陆地以前,船员们的情绪始终不稳定,当他们看到海藻出现时,那种惊恐的神态委实令人担心!若不是风势转强,及时脱离困境，真不知道会演变成什么样的情况！瞧他们的行径，似乎精神越来越接近崩溃的边缘，随时都可能发生变故。”

9月末的几天，船队脱离了海藻浮现的海面后，风向又转为东风。傍晚时分，夕阳西沉，彩霞满天，好一幅绚丽的美景。哥伦布炯炯有神的双眼，凝视着即将西沉的夕阳，他没有闲情去欣赏这黄昏的景色，而是憧憬着未来的一切，心头不免略微地紧张起来。

船队继续向前航行。一天清晨，有一只海鸟落在桅杆上休息。这时正下着毛毛细雨，视线不太清楚，但船员们都说前方有一些小岛的轮廓忽隐忽现。理由是，停在桅杆上的这种海鸟不会飞离岛屿太远的。

“我们查查这附近的岛屿吧。”马丁·阿隆索大声地向“圣玛利亚”号的哥伦布提议说。

“不，还是继续前进，等到我们发现了印度之后，回国途中再勘查也不迟。如果在这里拖延了时间，恐怕风向会转变。”哥伦布回答说。此行的目的地是印度，他们必须赶路，实在没有工夫在途中的小岛上一一停留。

过了几天以后，海面果然开始刮起了东北风，船员们又开始惶恐不安起来。

“这么强烈的风一向都是从东方吹来的，现在我们一直往西走，今后怎么能回到西班牙？”

“这种风如果不停地吹，就休想再回故乡了！”

“这捉摸不定的魔海，真令人恐怖！”

哥伦布只能再次激励他们：“风向不久后就会转变的，不要杞人忧天啦！你们这样也算是西班牙的船员吗？真是没出息！”

两天之后，果然如哥伦布所说的，风向又转为西北，船员们这才放了心，船队继续西行。这期间，哥伦布被一些问题困扰着。其中之一便是马丁·阿隆索，他在没向他这个海上将军请示的情况下就成立了一个小船队，这种行为令哥伦布十分不安。马丁·阿隆索寻到一丝蛛丝马迹就企图率先探明究竟，做第一个到达大陆的人。他爱出风头，不愿遵从哥伦布的指挥，想通过这次航海捞到最大的好处。

为了避免公开的冲突，哥伦布只好把他对马丁·阿隆索的反感和担心倾诉给航海日志。

“圣玛利亚”号迎着落日，乘风破浪地向西疾驶，“平塔”号和“尼娜”号在后面紧紧跟随。

不多一会儿，“平塔”号由于船型较小，速度较快而超到“圣玛利亚”号的前面了。哥伦布正微笑地望着“平塔”号的船身出神的时候，突然听到马丁·阿隆索大声地嚷起来：“有陆地，我看见陆地了！”

哥伦布连忙向暮色苍茫的水平线望去。不错，确实有一抹似是陆地的黑影浮现在远方的海面上。这次哥伦布不再坚持认为陆地还很遥远了，因为有人向他报告说看见了鸽子。三艘船上的船员们个个欣喜若狂，有的敏捷地爬上桅杆眺望，有的互相拥抱高歌，有的兴奋得泪流满面、跪地祈祷。

“明天就可以登陆了，今晚大家可以轻松一下了。”

哥伦布吩咐厨房，让船员们喝酒庆祝一番，先前的一切烦恼已经一股脑儿地消失了。

哥伦布满怀喜悦和对神的感激，他命令掌舵的，把船驶向西南方。三艘船的布帆鼓满了风，向西南方疾驶而去。这天晚上，满天的繁星在船员们的眼中，就像是即将被他们采摘的珍珠、宝石，大家兴奋得整夜都未曾合眼。

天色微明，大伙儿迫不及待地跑到船头去眺望。奇怪，怎么昨晚上看到的陆地，却又不见了呢？原来，这一次又是云彩作弄了他们。整夜编织的美梦轰然幻灭，怎不令人泄气？接下来的日子里，哥伦布还是一天又一天地把船队带向西方。

船队的上空依然有海鸟在飞来飞去，而四周的海面也总有成群的海豚在嬉戏跳跃，海上的风浪显得格外平静。然而，船员们的心情和哥伦布的态度，都无法保持平静。原本对这次航海充满自信的哥伦布，现在也开始有点动摇了。计划预定的航程都已经走完了，印度的岛屿或大陆应该已经出现了才对。

哥伦布的脾气虽然有点暴躁，但他是一个有虔诚信仰的人，他能克制自身的缺点。从这次出航开始，哥伦布每天都集合船员们在一起祈祷，给予他们精神支持。同时，他也曾向船员们许下诺言，谁要是先发现陆地，他就请求国王颁给巨额奖金。在精神与物质的双重鼓励下，一路上勉强没有发生变故。可是，船员中有些刁滑之徒，偶尔看到水天相接的西方飘着乌云，或是黄昏时的晚霞阴影，就会大声嚷叫："陆地，陆地！是我先发现的。"

他们暗忖万一哪天碰巧真是陆地的话，奖金就是自己的了。

时间久了，这些投机分子的乱嚷便开始引起船员们的哄笑，成为枯寂海上生活的调和剂了。但是，哥伦布却认为这种事情的影响很坏，这种经常欺骗大众而取乐的行为会使船员们因屡次失望而情绪更加沮丧，严重的话，甚至会酿成不堪想象的变故，必须加以制止。

于是，哥伦布向全体船员宣布说："如果有人说发现了陆地，但是三天之内，仍然看不到陆地的话，以后即使他真的最先发现，他也不能领取奖金。"

一些生性老实的船员，对哥伦布的这项规定都极力表示支持，认为他处理得非常正确、合理，也由此更加崇敬他了。

在10月1日那天，舵手们计算了距离他们最后离开的岛屿耶罗岛所走的路程。德拉科萨认为他们走了2310海里，文森特认为他们走了2160海里，马丁·阿隆索计算的数字是2536海里。而根据哥伦布的正式公布的计算来看，他们在10月1日前航行了3100海里。哥伦布曾在航海日志中承认自己记录的材料是假的：

我一直故意把所走的路程算得比实际上长一些，以把舵手和船员引入迷魂阵，并为自己保持着向西航行的秘诀。这事干得如此漂亮，以至谁也不能确知通往印度的可靠路线了。

船队继续前进，航向依然是正西方。马丁·阿隆索忍不住向哥伦布提议稍微偏向西南一点,但遭到了哥伦布的拒绝。哥伦布大声地回答他:“我可以肯定地告诉你，目的地已经不远了。”

哥伦布所以敢如此地肯定，是有理由的。因为根据他的计算，他们的船队已经向西航行了预计的距离，应该快要到达目的地了。哥伦布抬起头来，看到由北往西南飞掠而过的鸟群，更是信心十足，他大声地说:“当年葡萄牙的航海家就是看见飞鸟而寻迹，最终发现了许多岛，现在我们要改变为西南的航向了，大家鼓起勇气，努力前进吧。”

尽管哥伦布满怀信心地为大家打气，可是，每天极目所见，依然是无涯无际的汪洋大海。天天盼望，却是天天失望，船员们实在等得不耐烦了。有几位性情暴躁的船员，再也按捺不住，他们冲进船长室怒吼着说:“我们已经无法忍受了！”“你说的陆地在哪里？每天见到的都是水，水，根本就没有陆地的影子。”“你究竟想把我们带到哪儿去？”“把官员和船长统统丢到海里去喂鱼，我们要回航。”“对！让他们游泳到东方去好了，我们可不再跟着他们瞎闯了。”

哥伦布看他们来势汹汹，只好耐着性子向他们解释说:“我知道你们内心的焦急，开航以来，大家都发挥了最大的耐心，我很感谢大家的合作。”

接着，他把海图摊开，继续说道：

“依照海图所示，我们的目的地已经不远了，请大家不要因一时的意气用事而前功尽弃！坚强的信心和不屈的毅力才是成功的要素。”

可是船员们对这种鼓励的话已经听得太多了。“哼！已经航行了两个多月，始终没有看到陆地的影子，你光是空口说白话，骗得了谁？”

哥伦布被他们抢白了一顿，心里实在有气，他板下脸说道：“我是奉了国王的命令行事，航线并没有错误，你们打算违抗国王的命令吗？”

船员们依旧不甘示弱地继续抱怨：“如果你能告诉我们一个可以到达东方的确切日期，即使再等一两个月，我们也能忍耐。可是这种遥遥无期的等待，我们无论如何是再也忍受不了！”

哥伦布凝望着这些船员，认为他们说得倒还合乎情理，于是毅然地对他们说：“好吧！照我计算，目前我们的位置应该快接近日本了。我们就以三天为期，如果三天以后，仍然没有发现陆地，就随你们吧。”

船员们听他这么一说，也不好再继续闹下去，之后悻悻地从船长室退了出来。

哥伦布疲乏地躺了下去，他闭着双眼静静地沉思。三天，短短的三天时间真的能如预计地到达日本吗？万一海图有错误，到不了日本，那么未来该如何？

船队又向西航行了一天，仍然看不到陆地的影子，黄昏的落日再一次地沉入西方的地平线，约定的第一天，就这样平静地过去了。接着又过了一天，晴空万里，能见度极高，偶尔也有几只飞鸟掠过桅杆，但放眼四顾，除了一望无际的海空外，四周寂静得可怕。

哥伦布站在甲板上凝望着西方的落日，百感交集，一阵凄楚袭上心头。回忆十多年来，一直为理想而奋斗，曾经受到多少的讥嘲和辱骂，付出了多少的辛劳和困顿，难道说就此化为乌有吗?

他个人的生命不足惜，可惜的是自己的崇高理想将永远无法实现。想着想着，不觉夜色已深，只有满天的星斗陪伴着他。这时候，秋意甚浓，哥伦布打了一个寒噤，慢慢地踱回船长室。

现在，只剩下明天最后一天了。天色微明，哥伦布拿着望远镜，以迫切期待的心情向西方瞭望。船员们三三两两地聚在一起，或窃窃私语，或默默祈祷。接近中午时分，仍然看不到陆地的影子。

“船长，我看是不会有陆地出现了，还是回航吧！”

“今天是最后的一天了，难道真会出现什么奇迹不成？”

“船长,只要你回心转意,答应回航,我们也不会为难你的。”

哥伦布任由他们七嘴八舌地揶揄，始终不为所动，他瞥见几个粗暴的船员，竟然手抚腰间佩刀的刀柄，目露凶光地瞪着自己。哥伦布以坚定的语气对他们说：“我和你们约定以三天为期，要到今天晚上 12 点以后，才满三天，在期满以前，我们仍该继续前进，绝不能半途而废。”

这时候，船头的那边，突然传来兴奋的欢叫：“大家快来看，快来看啊！”有几个船员马上拥过去大声地询问：“发现了什么？”

有一个船员指着水面上漂浮的木板说：“海面上漂来一块木板，好像雕刻着花纹呢。”

“快把它捞上来。”哥伦布说道。

于是，大家七手八脚地把那块木板捞了上来。

哥伦布对这块木板仔细地端详了很久，上面雕刻着奇形怪状的图案，他判断这的确是人工雕刻的东西。

“看啊！这是人工雕刻的东西,看来离陆地真是不远了！”

“太好了！陆地就在眼前，谁先发现，谁就可以领赏。”

“大家努力吧，好运快来了！”

于是，全船骚动了起来，有的敏捷地攀上桅杆，有的站在甲板上，极目眺望，人人的心中都燃起希望的火焰，眼中露出贪婪的光芒。

这时候，又有人发现带着果实的树枝以及连根的芦苇，大伙儿的信念更加强了，每个人都喜上眉梢，过去的怨气早已一股脑地抛到九霄云外去了。

当天傍晚，哥伦布依照惯例，在甲板上集合全体船员做完祷告以后，向大家宣布说：

“我们从帕洛斯出发，已经两个多月了，依赖神的庇佑，一路上都很平安，我们应该衷心地赞美神、感谢神。现在，陆地已经逐渐接近，我们伟大的任务，即将接近完成，我们的努力和付出的辛劳，很快就能获得报偿。

“大家务必注意瞭望，谁先发现了陆地，除了可得到国王的奖金外，我个人也将送他一件礼物作为纪念。在这关键性的时候，你们的一不留神可能会使船队和陆地失之交臂，千万不能松懈啊，大家努力吧！”

哥伦布说完以后，立刻引起一阵欢呼，全船充满了欣喜的气氛。

时间一分一秒地过去了，少数的星星已经在天边闪烁，光线逐渐地黯淡下来，却不见陆地的影子，攀在桅杆上瞭望的人，疲惫地滑下桅杆，颓丧地躺在甲板上。

其他的船员们由兴奋到沮丧，纷纷嚷着说：“恐怕又是一场空！”“以后说什么也不再相信那套骗人的鬼话了！”“再这样航行下去，我们就快从世界的尽头掉下去啦！”

距离约定的三天期限只剩几个小时了。

哥伦布如同是石膏像似的伫立在甲板上，向黑暗的海面眺望，他目不转睛地凝视着前方，好像一不留神，就会被它溜脱似的，心头有说不出的紧张。

他抬头仰望夜空，由于云层浮动，星光忽隐忽现。在离午夜只有一两个小时的时候，他疲乏地打了个呵欠，伸了个懒腰，下意识地走向船头，心情无比沉重。

海面上昏黑一片，但远处似乎有微弱的光线闪了一下。

“咦，那是什么？”哥伦布把眼睛凑近瞭望镜，仔细地搜索着，远处好像有火光闪现。在后来的航海日志中，哥伦布这样记载道：

有个像灯笼似的东西，它一会儿被举起，一会儿被放下。我领会它是陆地近在咫尺的迹象并最终确信，我们离岸不远了。

“神并没有辜负我们！那显然是陆地的所在，而且还有人居住呢。”哥伦布以充满自信的语气说。多年来的航海经验，使他有了这种预感。

哥伦布立刻吩咐加强瞭望，四周虽然仍是一片沉寂，但是船上却骚动不安起来。船员们争论不休，有的兴奋得大叫，有的却在一旁泼冷水。

船朝着发现火光的方向疾驶，哥伦布实在已经疲惫不堪，但他心中仍在默默地祈祷。他蹒跚地走进船舱，躺在木板床上，等待命运的安排。

在哥伦布第一次发现火光的时候，“圣玛利亚”号所处的位置距离新大陆有三十多海里。从帕洛斯港出航的那天算起，途中由于“平塔”号的故障，耽误了3个星期，全部航程差不多是70天。

新航路的开辟

发现新大陆

凌晨 2 点，哥伦布听到轰隆轰隆的几声炮响，“平塔”号发出的发现陆地的信号炮弹响彻了云霄，哥伦布蓦地从床上一跃而起。他走出休息室来到甲板上，只见全船都笼罩在一片欢乐的气氛中。有人互相拍着肩膀拥抱在一起，有人跪在甲板上喜极而泣，有人扛出了大坛大坛的酒……更有一些船员像疯子一样赤着脚在甲板上跳起舞来。

是航行在最前面的“平塔”号的船员罗德里戈·德特里阿纳在半夜发现月光下的平坦沙丘。

“陆地！”德特里阿纳激动地喊起来。银白的月光从云端倾泻而下，把岛影明显地照映了出来，这确确实实是一块陆地。船员们一个个地也跟着叫了起来。于是，他们抛却了发现陆地后鸣响一炮的规定，接连点着多门火炮的导火线。

但是德特里阿纳并没有得到任何奖励，因为哥伦布宣布，是他自己首先看到了闪烁的灯光，因此，他才是第一个发现陆地的人。

船队收起了帆，在接近陆地的海上停船下锚。过去的种种，一幕幕地浮现在哥伦布的脑海中。他几经波折，幸蒙西班牙女王全力赞助，夙愿得偿。两个月来，他和船员们备尝艰辛，最后关头几乎功败垂成。

“终于到达了目的地，我的计划果然是正确的，在神的引导下，印度航道已被我打开了。”哥伦布兀自沉浸于成功的喜悦中。哥伦布本想在天亮以前好好地休息几个小时，以解除几天来的紧张和疲劳，可是，突然来临的喜悦反而使他思潮起伏，无法合眼。

眼前的这块土地，是黄金屋顶的中国呢，还是盛产香料的印度？会不会是无人居住的荒岛呢？不管怎么说，在他预计的地方发现了陆地，这是不争的事实，不管怎么说，这都是值得庆祝的事情。

哥伦布披衣走出船长室，把随船的政府官员和重要船员们请到餐厅里来欢饮。

“为西班牙国王和女王干杯！”

“为哥伦布干杯！”

天色微明，这是一个风和日丽的早晨，是大家祈盼了很久的日子。哥伦布穿上闪闪发光的骑士铠甲，腰佩短剑，身披红色披肩，手举西班牙国王的旗帜，在武装护卫的簇拥下，登上了小艇。接着，马丁·阿隆索和文森特也分别擎着绿色十字旗登上了自己的小艇，一行人浩浩荡荡、威风凛凛地向岸边驶去。绿色旗帜上，绣有 F 和 Y 的大写字母。F 是代表斐迪南国王，Y 是代表伊莎贝拉女王。

从小艇上看过去，只见一片郁郁葱葱的密林横亘在眼前，接近岸边时，和风微拂，鸟语花香，令人神清气爽，倍感舒适。哥伦布手举国旗，神情肃穆地首先踏上他所发现的新陆地，大家一一跟着上岸。

岛上长满了茂盛的植物，满地都是奇花异草，这里有仙人掌和其他高高的多汁的绿草，还有带刺的含羞草及一些蕨类植物。远处有茂密的森林，在和煦的阳光照耀下，哥伦布一行的旗帜随风飘荡。哥伦布集合大家跪下祈祷，赞美神的恩典，大家低头祷告，没有一丝的喧哗、叫嚷，每个人都热泪盈眶。

祈祷完毕，哥伦布站了起来，庄严地宣布道："1492 年 10 月 12 日，堂·克里斯托弗·哥伦布发现此岛，谨以西班牙国王及女王的名义永远占领。"

在一阵雷鸣般的欢呼声中，哥伦布早已激动得泪流满面，一句话也说不出来了。

在远远的树林里，有一些土著躲起来窥望着哥伦布等人的行动。他们对哥伦布一行人充满了好奇。起先他们见到这一队人马的怪异装束，还佩有刀剑，惊怕得躲进密林里去，后来看到哥伦布低头跪下祈祷，并被刚刚举行的隆重仪式所吸引，他们猜测带头祈祷的人一定是个首领，而这个首领竟是一脸的和蔼、庄严，因此也就壮着胆子走了出来，探个究竟。

其中有几个胆子稍微大一点的人走了过来。他们全身赤裸，但体格却很强壮，脸上涂着红、白两种颜色，样子虽然怪异，但看起来好像没有恶意。哥伦布微笑着向他们打招呼，土著们更放心了，纷纷地围拢过来。

他们从没有见过外界的人，因此对哥伦布这批人的装束、言行举止以及所使用的一切东西无不感兴趣。他们看看这个，摸摸那个，像孩子般的天真。

哥伦布仔细打量这些土著，发现他们身上奇形怪状的图案，是用植物的液汁调着黏土画上去的。他们真正的皮肤是红铜色，头发并不卷曲，但前面剪得短短的，而在脑后的部分，留着长长的发辫披在肩上。他们的眼睛炯炯有神，额头很高，看起来，性情淳朴忠厚，个个都很健康。

这些土著便是印第安人中的阿拉瓦克人。他们用棕榈叶盖茅屋，从事刀耕火种的粗放农业，种植白薯、木薯和玉米，还用线网等工具捞鱼和龙虾，退潮之后，他们在海滩上收集软体动物。为了防御南美加勒比海军队的频繁袭击，他们建起了居民点。

双方虽然无法交谈，但从友善的眼神和举动上看来，彼此的感情越来越接近了。微笑是人类共同的友善象征，靠着它，可以使敌意和戒惧消失于无形。

哥伦布当场以红色的帽子和玻璃珠等饰物作为礼品，赠送给他们，他们开心地咧开了嘴巴笑着接受，然后纷纷离去了。

过了没多久，土著们捧着大堆大堆的水果和鲜鱼回来，把他们都回赠给了哥伦布一行人。对于岛上的情况，哥伦布曾在航海日志中写道：

> 我顿时明白了，让当地人皈依我们的宗教力量不应该用暴力手段，而应以德来感化。我把帽顶和脖子上挂着的玻璃串珠等一些不大值钱的东西当作礼物送给了他们，他们就很快成了我们的好朋友……他们不佩戴武器，也不认识武器。当我把剑拿给他们看时，由于不懂，他们抓住剑刃并割伤了自己的手。他们没有铁，标枪实际上是一根没有枪头的木棒，只是在头上装了一个鱼牙……总体来说，他们身体高大，走起路来非常好看。

哥伦布心想：这里不知道是不是中国，或是印度的一部分。传说，中国遍地是黄金，印度则盛产香料，看样子，这既不像中国，也不像是印度，那么，这是什么地方呢？

哥伦布把这个地方命名为圣·萨尔瓦多岛，意思是：伟大的救世主——耶稣基督之岛。

由于语言的隔阂，他们只好靠手势来交流。土著的发音称这个岛为瓜那哈尼岛，是属于西印度群岛中的巴哈马群岛之一。这里的居民友善热情，他们不擅长进攻和防御。谁也没想到，在西班牙人来到这里之后，英国殖民者在 18 世纪将这里的森林砍伐殆尽了，他们在这里办起了种植场来种植棉花，而这里的土著们则被塞到贩卖奴隶的船上，被当作奴隶运走。

哥伦布等一行人，在岛上巡视游览了一番，又乘坐小船回到了大船上。仅仅是一天之隔，整艘船上的气氛便已迥然不同了，过去那种焦虑、不安、失望、恐怖，甚至阴谋叛变的情形早已荡然无存了。

每个人的脸上都带着笑容，心中充满了信心，他们对哥伦布的勇毅、果断及正确的领导由衷地崇敬起来。经过七十多天的海上颠簸、困顿，实在需要痛痛快快地休息一下，人们满怀喜悦地酣然入梦。

第二天的清晨，就有许多土著划着独木舟，带着水果以及一些土制食物来和船员们交换玻璃珠等饰物。

他们泅渡到我们的船边，他们用来划船的桨很像面包师用的铲子。他们带来了鹦鹉、棉线团和许多其他的东西。他们把带来的所有东西都换成了玻璃串珠和小铃铛，给他们什么，他们要什么……但是我觉得他们这些人在各方面都很穷……当地人交出了他们所有的一切，为了换取我们给他们的一点点东西，甚至是打破了的东西和一些碎玻璃片。

那种以某种植物根制成的面包，想必就是他们的主食吧。这么看起来，这个岛想必也不怎么富裕，哥伦布不免有些失望。

这些岛屿上的土著也都是未经开化的，他们对这一群外客惊为天神，纷纷献上各色水果和土特产。当然，哥伦布也都一一回赠，以示亲善。

> 我认为，他们会成为很好的基督教徒，因为他们好像什么宗教都没有。如果全能的上帝许可的话，我要为国王和女王陛下抓几个人带回西班牙去，让他们学会我们的语言，今后便可成为我们的向导。

哥伦布认定这里便是印度。于是，哥伦布称当地人为印第安人。在现在来看，这真是一个天大的错误。

有一天，一个船员发现了土著身上别具一格的饰品，便以惊诧的口吻说："你们瞧，有一个土著的鼻子上戴着一枚黄金小棍呢。"

哥伦布听了便把那个土著请到船上来，见他鼻子上的装饰果然是用金子做的。哥伦布用手势比画着，想探听出金子的来源。土著指指南方，意思是说，南方有一个富有的国家，那里的国王，吃饭的盘子都是黄金制成的。哥伦布马上想起马可·波罗游记上所描述的一切，黄金之国的中国，想必不远了。

哥伦布选中几个较为聪明伶俐的土著，每天教他们西班牙语，希望他们做向导和翻译，带领探险船队向黄金之国进发。后来，哥伦布一行人还抓走了这几个土著，在这里他用这些人做翻译，回去之后，这些土著们便成了活的观赏物。

在圣·萨尔瓦多岛的四周还有很多大大小小的岛屿，随着船队的前进，船员们陆续看到许多树林苍翠的美丽海岛，这里土地肥沃，气候温和，很适合人类居住。哥伦布的船队曾经在三个岛屿停泊过，分别给它们命名为“圣玛利亚”“费南迪纳”和“伊莎贝拉”。

哥伦布率领船员们在这几个岛上巡视，发现这里景色优美，潺潺的溪流，清澈的河水，游鱼可数。树林里栖息着各色的鸟类，树木结着前所未见的果实，使这一群人目不暇接，看得眼花缭乱，兴奋不已。在费南迪纳岛上，哥伦布对这里的生物发生了兴趣：

> 这里的鱼像公鸡一样，具有世界上最奇妙的配色：红、黄、蓝，游动起来闪烁着千般花纹，真是美不胜收，谁见到它们能不心醉神迷、啧啧赞叹呢！

向导的土著以生硬的西班牙语，再辅以手势告诉哥伦布，在西南方还有更大的岛，那里有更多的黄金、珠宝和香料等。哥伦布极感兴奋，心想，那必定是黄金之国了。于是，他下令向西南疾驶而去。这个被土著称之为满是黄金、珠宝和香料的岛，便是现在的古巴岛。

哥伦布率领的船队在岛边停靠，只见这座岛屿山高林密，溪谷的流水注入海湾，景色十分美丽。

哥伦布一行人，步行上岸，一路向内陆进发，走了很久，所见的都是用棕榈叶做屋顶的简陋房屋，土著也都是全身赤裸，以捕鱼为生。他们经历了之前同样的友好待遇，这个岛上的居民也让他们畅行无阻，并且送给他们很多水果。哥伦布回赠他们的依旧是玻璃串珠，还有甜糖浆，这在当时还没有甘蔗的当地人看来，可是天赐的美食。

哥伦布发现土著们把晒干的草叶卷成棒状，然后在一端点上了火，把另一端送到嘴里去吸，吸完了吐出一阵白色的烟雾，这是欧洲人第一次看到烟卷。但不管怎么说，这里看起来非常贫困，根本不是想象中以黄金为屋顶的巍峨建筑。

这时，他们从印第安抓来的一个土著逃跑了，哥伦布立即派人追捕。当逃跑的土著被抓回来，重新送到哥伦布面前时，哥伦布送给他一顶红色的尖顶帽，并给他的手上戴上一个由绿玻璃块儿串成的手镯，在他的耳朵上戴了两个铃铛。

> 我放走这个人并送他东西，会引起他们对我们更大的注意，并避免了将来对国王和女王陛下派来这里考察的人抱敌对态度，况且这些东西连四个马拉维迪（西班牙的一种货币）都不值。

哥伦布不死心，他认为金碧辉煌的宫殿就在里边，于是派遣懂得几种语言的路易斯·德托雷斯和曾经同非洲几内亚王谈判过的罗德里戈·德耶雷斯组成的代表团去谒见这里的国王。同行的还有两个印第安人。在哥伦布的心目中，这里的国王，一定就是马可·波罗曾经在那里做过官的蒙古皇帝忽必烈的后代。

代表团领命而去，十多天以后，却败兴而回。他们向哥伦布报告说：“我们翻山越岭走了好几天，途中只见到几个小村落，那些土著都很穷困，不过，对我们倒很友善，我们把玻璃珠送给他们，他们都很高兴，拿出许多食物来招待我们，还让我留宿在他们的村落里。

“我们希望能找到黄金和香料，于是把样品拿给他们看，他们用手势指着南方，意思是要到更远的南方，才有这些东西。我问他们有没有高大的房屋，他们只是一个劲儿摇头，看样子，这里只不过是个穷困的岛，距离黄金之国还远得很呢！”

听了代表团的汇报，哥伦布内心的失望是可想而知的。

代表团的人接着说道：“我们这次却带回来一种奇怪的东西。”

哥伦布将他们的新发现拿在手里端详，这是一种晒干的草叶，闻起来有股辛辣的味道。

“土著把它卷起来，用火在一端点燃，然后用嘴在另一端猛吸，吸完吐出一阵白烟……”其中一个人解释说。

哥伦布不等他说完，就笑着说道：“不错，我前几天就曾看到土著们在吸它。”

接着，哥伦布就如法炮制地做了一根烟卷，点上了火，猛吸起来。他把眉头一皱，苦笑着说："又苦又辣，这里的人居然还吸它！"四周的人们，一个个都很好奇，争着试吸。你一口，我一口，大家都被呛得咳嗽不已，一边咳，一边笑，闹成一团。在11月的航海日志里，哥伦布也记下了有关印第安人的奇怪习俗：

> 他们手里拿着一块燃着的木头，一面用它点燃一种绿叶，一面吸这绿叶冒出的烟，他们习惯于这样熏自己。

如今，香烟已经风行全世界，可是，在那个时代，欧洲人却还是第一次接触呢，难怪他们会大惊小怪了。

大难不死

这一年的11月12日，哥伦布就经过的航程和星座的位置重新计测的结果，认定已经越过了日本。于是，下令离开古巴，向东回航。不巧，风向相反，而且风势强劲，海上波涛汹涌，难以前进。随后，大风暴又接踵而至，于是哥伦布下达命令，通知"平塔"号和"尼娜"号一同折返古巴，等到风暴过去以后再行出发。

"平塔"号的船长马丁·阿隆索本是一个勇敢而富有航

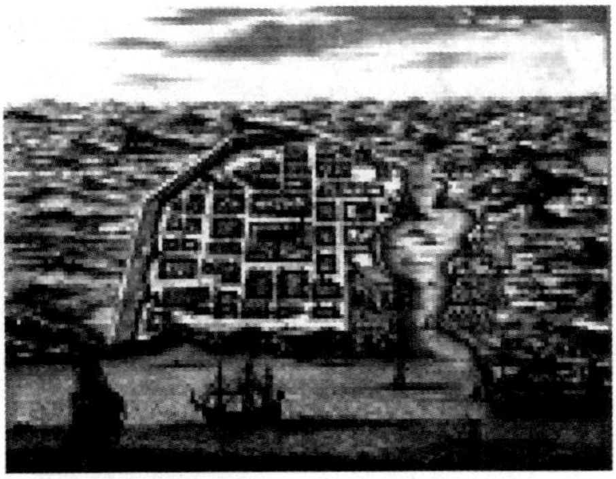
伊斯帕尼奥拉老地图

海经验的航海家。他财力雄厚，声望也高，这一次的航行，他提供了船只和人员，并垫付八分之一的费用。不过，他也是一个野心勃勃的人，他希望享有和哥伦布同等的权利，不愿意事事听命于哥伦布。

在哥伦布下令返回古巴岛的第二天早上，哥伦布接到报告，“平塔”号已不知去向。

哥伦布心想：马丁·阿隆索必定是另有企图，若不是单独去探险，抢立头功，就是赶回西班牙，把这次的发现向国王邀功领赏。哥伦布在海上搜索寻找，哪里有“平塔”号的踪影？

哥伦布一面继续不断地搜索，一面在古巴沿岸一带游弋，在东南方又发现了一个美丽的岛屿，它就是海地岛。哥伦布在岛屿的西海岸登陆，因为登陆的日子是 12 月 6 日，圣·尼古拉日，于是他们把这个海湾命名为圣·尼古拉斯湾。

后来，他们在另一个小岛待了几天，岛上有高山、密林，也有广大的草原和湍急的溪流，四周的景色，跟西班牙极为相似，哥伦布此时不觉怀念起故乡来了。于是哥伦布将这个岛命名为伊斯帕尼奥拉（西班牙岛）。这个岛虽然土质肥沃，植物茂盛，但却见不到梦寐以求的黄金。

12月28日，哥伦布在“圣玛利亚”号上接见了这个岛屿的酋长—— 一个印第安部落的首领。

> 虽然他们全部都是一丝不挂，但国王和女王陛下应该会喜欢他的品格……他说话只是寥寥数语，据我所知，也是非常得体和庄重……酋长送给我条腰带和两个薄金片，很薄很薄，由此我得出结论，这里的黄金不多。但我确信，他们住的地方离有大量黄金的地方不远。

之后，“圣玛利亚”号和“尼娜”号继续向东航行。一天晚上，船队进入满布暗礁、危险重重的海域，船员们连日接受土著的招待，酒足饭饱，个个玩得昏头昏脑，浑身困顿。“圣玛利亚”号把舵的船员，漫不经心地操纵着舵把，根本没有注意船行的方向，船身受到潮流的冲击，左右地摇摆，方向不稳，像喝醉了酒似的，东倒西歪地乱撞。等到他忽然警觉，企图挽救时，却已太迟了！

湍急的海浪卷着船向纳维达德的暗礁撞去，船身立即倾斜而搁浅在海滩上了。

“不得了啦，船触礁啦！”

一声大喊，惊醒了整船好梦正酣的人们。哥伦布连鞋子都来不及穿，三步并作两步地奔上甲板，他沉着而镇静地指挥那些吓得不知所措的船员们说：“先放下小艇，然后把锚载在小艇上，赶快划出去，以便把大船拖离暗滩，要快，绝不能拖延！”

这些刚从睡梦中惊醒的船员们，突然遇到这种严重情况，个个惊慌失措，仍如在梦中。大家虽然七手八脚地把小艇放下去，却纷纷争着自己逃命要紧，压根儿就没有想到把锚装上小艇以便拖离大船的这档子事，他们尽力向“尼娜”号划去，请求救援。

“尼娜”号的船长文森特气得顿足大骂：“你们这批笨蛋，不先去救大船，逃到我们这里来干什么？救大船要紧，快滚回去！”

小艇上的人被他一顿臭骂，这才想起哥伦布先前的命令，赶紧拼命地往回划去。文森特也立即派小艇载着健壮的船员去帮忙抢救。

无奈风大浪急，“圣玛利亚”号的船底已被礁石撞破，冰冷的海水汩汩地涌进船里，船身倾斜得更加厉害，眼看就要翻过来了，根本拖不出来。

如今不得不弃船了，哥伦布眼看着这艘和他患难与共的船只已经无法挽救，心中有说不出的难过。哥伦布最后下达命令，把“圣玛利亚”号上的重要物资搬上小艇，运送到“尼娜”号上去。这时候，文森特派来的小艇也一同参加抢救工作。

东方已经渐露曙光，纳维达德岛上的土著也发现哥伦布的船在暗礁区出了事，于是纷纷划着独木舟前来帮忙。

折腾了一天，总算把船上的粮食、弹药、武器及一些重要物资全部抢救出来，载到“尼娜”号上去。

可是，“尼娜”号的船身比“圣玛利亚”号更小，怎能容纳得下这么多的人员和物资呢？这真是一个伤脑筋的问题。一年一度的圣诞节就在慌乱、恐怖中度过，这倒不打紧，问题是今后的航程怎么安排呢？此时，哥伦布进退不得，竟一时也没了主意。这时候，他看到一艘大型的独木舟划了过来，原来是岛上的酋长率领土著送来大批的食物和水果，雪中送炭的友情，温暖了每个船员的心。

经过向导的翻译，酋长主动地建议他们在岛上先住下来再说。哥伦布灵机一动，心想：这个岛，气候温和，岛民乐观而友善，倒不如接受他的好意，先住下来再说，也许这是神的安排！就先在这里建立殖民地好了。

哥伦布把这个构想和文森特说明以后，文森特认为也只有如此了。哥伦布向酋长表达了感激之情，然后随着酋长回到岛上勘察地形，选定了一个平坦的地方，那里有丛林和小溪，风景极佳。

哥伦布命令船员们把“圣玛利亚”号的船壳拆卸下来，利用这些材料在岛上建造了一座营地。在岛民的协助以及全体船员的通力合作下，这座初具规模的营地很快就完成了。“圣玛利亚”号已经不复存在，但它却由一艘海里行驶的船只变成了一座陆地上的房屋，哥伦布内心的歉疚和伤感稍稍得以纾解了一些。

在纳维达德岛上求生倒并不难，林中的飞鸟、溪里的游鱼，还有取之不尽的各种果实，而且气候温暖宜人。有些船员竟然有些乐不思蜀了，打算在这里落户生根，不回西班牙了。一想到回到西班牙后就必须辛苦劳碌，为生活而奔波，他们更愿意在这里整天快快乐乐，晚上还可以围着火堆跳舞歌唱，根本不必为生活担忧，真是太惬意了！

哥伦布把一切安顿就绪后，就选定40名船员暂时驻留在岛上，并告诫他们在这段留守期间要跟岛民们和睦相处，多宣扬基督福音。哥伦布还为他们储备足够使用一年的粮食和弹药。

> 我命令我的同伴对当地居民秋毫无犯，不能强行掠夺他们的任何东西，相反，对所拿的任何东西要悉数付偿。很难想象有比这些当地人更心地善良、更纯正无私和谦虚谨慎的人了……

1493年1月的一个清晨，哥伦布乘坐“尼娜”号返回西班牙，一路风平浪静，非常顺利。

一天清晨，天色微明，在桅杆上瞭望的船员，忽然高声喊叫：“船！我看到一艘船！”瞭望员的喊声顿时引起一阵骚动，哥伦布下令向那个方向疾驶。不一会儿，“尼娜”号就逐渐地接近了目标，白色的帆影清晰可见。

哥伦布拿着望远镜的双手，不禁微微地发抖。

“天啊，那不是‘平塔’号嘛！”

很快地，两艘船靠在一起了。马丁·阿隆索乘着小艇，来到“尼娜”号上，他满脸羞惭地向哥伦布辩解说：“那一次的暴风雨，把我们吹散，我一直都在寻找你们呢，绝对不是故意逃跑的，务必请您原谅。”

哥伦布心里何尝不明白这是他的诡辩，他的离开只是由于高傲和自私。但哥伦布表面上仍不动声色，如果这时候争吵起来，不仅于事无补，还会引起不良后果，因为这两艘船上的船员大部分是平松弟兄的亲戚、朋友，当初为自己垫付航海费用以及调集船只的也是平松兄弟。于是，哥伦布以平静而温和的语气说：“今天能和你再度重逢，我非常高兴，只要大家平安无事就好了。现在，我们一起回西班牙吧。”

马丁·阿隆索深受感动地说：“一切遵命，这就起程吧！”于是，“尼娜”号和“平塔”号直向西班牙驶去。

最初的一个月，正好扬着强劲的西风，船行非常顺利。不料，接着却遭遇到一场强劲可怕的大风暴，“尼娜”号几乎全船覆没，并和“平塔”号失去了联络。

睡在床上的哥伦布突然被怒涛声惊醒，船身倾斜摇摆，桌上的东西滑落满地。

在狂风怒吼、惊涛拍击声中，哥伦布听到瞭望楼上的船员在声嘶力竭地叫嚷，船身像荡秋千似的忽上忽下，哥伦布想从床上坐起身来，但立刻又被摔了回去。经过一阵挣扎，好不容易扶着门框走出了船长室。

天空中布满了低垂的乌云，冰冷的雨滴急急地落了下来，海面上的巨浪像耸立着的岩石，风声、浪涛声以及船员们的惊呼、嘶吼声交织成一片。东北方，连连地出现了闪电，哥伦布知道这是暴风来临的前兆。

海浪像一座座的小山，一波又一波地袭来，好像不把船吞噬掉不肯罢休的样子。布帆被狂风撕裂成碎片，发出令人战栗的“噼啪”声，桅杆也被吹得“嘎嘎”作响，随时有折断的可能，船身一下子被托向高空，顷刻间又陷入水底。船只在这种情况下只能任凭巨浪的摆布，在惊涛骇浪中听天由命。

在这种情况下，根本站立不住，船员们个个都把绳索捆在腰部，一端扣在桅杆上，万一有人落水时，可以拖救上船。

哥伦布以灯号和“平塔”号联络,叫他们不要远离本船，起先，还看得到对方的灯号反应。可是过了不久，对方就失去了踪影。

挨到天明，与“平塔”号已经彻底失去了联系，现在只剩下“尼娜”号独自在怒涛中挣扎了。

天空中乌云密布，依然是狂风怒号，白浪滔天，丝毫没有平息的迹象。哥伦布心想：“以眼前的情况判断，这次可能是凶多吉少了。而那些留在岛上的40名部下，他们天天在盼望我们回来接他们，万一我们船覆人亡，他们也就永远回不了故乡了！”

哥伦布想起自己肩负的重大使命和向东方传播基督福音的理想，不禁感慨万千，心酸不已。

哥伦布费尽气力，挣扎着回到船长室，展开羊毛纸，准备写一封信呈给斐迪南国王和伊莎贝拉女王，报告此行的经过以及遇难的情形。由于船身晃动得太厉害，墨水瓶滑来滑去，而且哥伦布的双手发抖，他一只手扶着墨水瓶，一只手握着羽毛笔，在极端困难的情况下，勉强写了一封字迹潦草的信函。他在信函外面注明，任何人捡到这封信，并将它送到西班牙国王和女王手里时，一定可以获得重赏。

哥伦布用好几张涂蜡的布把信重重包好，然后放进一个木桶，投进海里去。哥伦布还吩咐船员把装有该信函副本的另一个小木桶留在船尾，希望如果船沉没了，小木桶可以浮到水面上来，这样有机会被人拾到。看着装着信件的木桶在海面上漂漂荡荡地越漂越远，哥伦布心里也就踏实多了，至于未来的情况，那就听天由命吧！想到这里，他挣扎着向船舱爬去。

2 月 25 日，正午过后，红日渐渐西斜，人们经过一天一夜的折腾，早已筋疲力尽，脸色苍白，一个个东倒西歪地躺在那儿，被颠簸得滚来滚去，听候命运的安排。时近黄昏，西方出现了晚霞，风势逐渐减弱，风暴停息了，疯狂的海浪也慢慢平静下来。

“尼娜”号上的人们谁也不知道“平塔”号现在的情况。劫后余生的船员们在哥伦布的带领下，大声地祈祷、赞美，感谢神的恩典，使他们免于葬身鱼腹。大伙儿饱餐一顿后，除了掌舵及瞭望人员外，全都酣然入梦。

清晨，瞭望人员大声叫喊："陆地！陆地！"

这是亚速尔群岛中属于葡萄牙的圣玛利亚岛。虽然陆地就在眼前，偏偏刮着顶头风，船无法向前，好不容易挨到第二天的傍晚，船身才得以靠岸。从船上望去，可以看见港口那边有教堂的尖顶，登岸后，几位船员相约到教堂去礼拜祈祷，感谢这次主保佑自己大难不死。

当他们祈祷完毕，走出教堂大门时，看到一位葡萄牙军官率领几个士兵正站在那儿，好像一直在等着他们。船员们感到很诧异，正在这时，那个军官走了过来对他们说："你们是从哪儿来的？"

"我们是属于西班牙的哥伦布探险船队，在回西班牙途中遭受暴风雨的袭击，被吹离航线而漂到这里的。"船员回答。

军官一听到"哥伦布"这个名字，立即板起脸孔问道："哥伦布现在在哪？"

"他在船上，没有上岸。"

那军官恶狠狠地说："我先把你们扣留下来，叫哥伦布自己来出面交涉。"于是，葡萄牙军官不由分说地就把哥伦布的船员押走了。

原来，葡萄牙国王获悉哥伦布偷偷地出境，跑到西班牙，受到西班牙女王的协助，组成探险船队去寻找新航路，于是，下令给各岛总督，一旦发现哥伦布的船队，就立刻抓捕起来。

在船上久等船员不归，哥伦布心急如焚，仿佛预感到有不好的事情发生。果然，到了晚上，哥伦布接到了该岛的总督——胡安·德卡什塔内拉的通知后，怒不可遏，他回复使者说：“你回去告诉你们的总督，说当初是你们的政府不采纳我的建议，我才转而求助于西班牙。如果你们不释放我的部下，我就报告西班牙国王，立刻派兵前来营救。”

但总督并没有就此释放人质，双方发生了激烈的争吵。最后哥伦布答应进攻一个岛，并把 100 名葡萄牙俘虏运到卡斯提去，这才从窘境中摆脱出来。岛上的总督最终释放了哥伦布的几名船员，并给他们送来了水和食品等。

清晨，“尼娜”号迎着朝阳，继续向东行驶，之后的航行总算一路顺风，非常平稳。不料，在返回朝思暮想的西班牙的最后一段旅程中，他们又遭受了一次暴风雨的袭击。到了 3 月 2 日的傍晚，海上又刮起大风来了。这时，“尼娜”号处在离开圣玛利亚岛 250 海里处。这次的暴风雨把“尼娜”号的船帆撕破了，船身随时都有倾覆的危险，汹涌的海浪把船推向北方很远的地方。

一路上虽然不时出现山的影子，但是，果断的哥伦布严令不得靠岸，因为他知道，那都是葡萄牙的属地，不能再冒险逗留。这时候，已近午夜，电光闪闪，分外恐怖，天空又降下一阵骤雨，整个海上都笼罩着黑暗恐怖的气氛，哥伦布指挥全船人员奋力挣扎，度过了漫漫长夜。

第二天清晨，骤雨虽然停止，但是风势依然相当强劲，船员们实在疲惫不堪，无法继续支撑下去了。

哥伦布知道前面就是葡萄牙的海港，到了这种地步，为了求生，也只好冒险一试了。3月4日，饱经苦难的“尼娜”号缓缓地驶进了葡属的塔加斯港。

这里似乎没有接到葡萄牙国王关于捉拿哥伦布的命令，他们对这一群脱险的人们寄予了无限的同情和关怀，态度上极为友善。哥伦布乘此时机把破碎的帆篷和船身略加修补，另一方面写了一封信函，派人火速地送交斐迪南国王和伊莎贝拉女王，让他们早日得知发现印度的经过。同时，哥伦布仍然十分挂念着因暴风而失散的“平塔”号的安危。

1493年3月15日，“尼娜”号终于重新回到了帕洛斯港，屈指算来，前后已经差不多快8个月了。

出发的时候，是三艘船的船队，如今只有“尼娜”号独自归来，哥伦布的心中有一种说不出的落寞之感。

帕洛斯的市民们听到哥伦布回来的消息，无不欢欣鼓舞。市民们奔走相告，教堂里钟声齐鸣，全市喜气洋洋，大家立即拥向码头，去欢迎这位探险的英雄。

这一天，他在航海日志里写下了最后一篇日志：

> 我出航的幸运结局，奇迹般地证实了我一直以来所坚持的主张。在航行时上帝所赐予我的以及我在这里所描述的许多奇迹，都说明了这一点……

哥伦布脱险归来以后，国王和女王立即下旨召见，并且封他为海军提督兼总督。哥伦布带着“尼娜”号凯旋，而那个在暴风雨的夜晚失踪了的“平塔”号的命运又如何呢？

原来马丁·阿隆索在遭遇风暴来袭的当晚，借机驾着“平塔”号脱离了哥伦布的船队，独自行动去了。他驶回印第安的岛上，买通了几个土著做向导，到达了一个港口，在那里换取了不少黄金，他把一半占为己有，一半分给部下。

1493 年 3 月，“平塔”号又遇上一次更大的风暴，船被吹到法国的一个海湾。马丁·阿隆索料定“尼娜”号一定吃不住风浪，肯定早就已经沉没了。他得意扬扬地向部下夸耀说：“我已经把发现印度的经过详详细细地写信向国王和女王提出报告了。纵使‘尼娜’号没有沉没，哥伦布还活着的话，这份荣誉和功劳，我们也已抢先一步，我们大家就等着接受帕洛斯市的盛大欢迎和国王的奖赏吧！”

令马丁·阿隆索想不到的是，哥伦布不仅没有死，还早他一步到达西班牙。就在哥伦布回到帕洛斯港的第三天，马丁·阿隆索乘坐的“平塔”号缓缓驶入帕洛斯港。

当马丁·阿隆索得知哥伦布和“尼娜”号都安然无恙，而且已先他凯旋时，羞惭得无地自容，他心中悔恨交加，实在无颜和哥伦布相见。

他悄悄地登岸，躲在家里不敢外出。国王和女王已经接获报告，知道马丁·阿隆索两度叛离，本要从严议处，幸好有哥伦布替他求情，才未予追究。回到西班牙的马丁·阿隆索无法释怀自己的过错，回到家后没过几天，他就郁郁寡欢地去世了。

哥伦布向西班牙王室汇报航海见闻

哥伦布终于功成名就了，他和他的船也成了众人仰慕的英雄。4月中旬的一天，巴塞罗那的市民们一清早就拥在通往王宫的道路两旁，等待哥伦布一行人的来临，他们个个都想一睹哥伦布的风采，大家都兴高采烈地议论不休。

远处传来一阵骚动，哥伦布身穿礼服，与和他一起出生入死的船员们缓慢地行进在堵满了热情西班牙民众的街道上，马队的身后是六个头戴羽饰、上身画满怪异花纹的土著，他们肩上栖着鹦鹉，手里握着长矛。他们牵着背负着重物的骡子，骡子背上都是金光闪闪的矿石、香气扑鼻的草木、珍禽异兽的标本等。领头的哥伦布昂然骑在马上，微笑着向路旁的群众打招呼。

将近王宫时，那些王公贵族们早已站在宫门前恭候多时了。这时，有人交给哥伦布一封信，这封信是国王和女王陛下写给“我们的大西洋海上将军、在印度被其发现的所有岛屿的总督克里斯托弗·哥伦布”的。

斐迪南国王和伊莎贝拉女王端坐在宝座上，面露微笑地接见了哥伦布。他们让哥伦布坐在自己的身旁，像对待与他们身份平等的人一样欢迎他。

哥伦布恭恭敬敬地报告说：“托国王和女王陛下的洪福，我总算不辱使命，发现了印度，并且把沿途的若干岛屿归入西班牙的版图。这次带回来的黄金虽然不多，不过我相信，如果陛下准许我再次组团去探险，必能发现更多的新陆地和更多的黄金，为陛下积累更多的财富，并继续为西班牙扩充版图，把基督的福音传播得更远、更广。”

“好,我答应你,我一定全力支援。”国王和女王非常高兴，立即应允,并恳切地对哥伦布说:“这一路探险,太辛苦你了！你暂时在宫里留住几天，我还有很多的事情想问你呢。”

就这样，哥伦布一连好几天，在巴塞罗那的王官里，受到热烈的款待，终日陪伴着国王和女王陛下，详详细细地把这次探险时沿途所见所闻一一禀告。伊莎贝拉女王入迷地听着哥伦布描述的那些有乳汁的河流、果羹一样的海岸以及再次探险时的采金计划等。这些见闻对于一向深居简出的国王和女王来说，可是闻所未闻的奇谈，因此伊莎贝拉女王决定让哥伦布再度组团去探险。

创造与模仿

一介平民能在一夕之间一跃成为举国闻名的英雄，而且能在王宫里享受国王和女王周到的款待，这份殊荣自然免不了要惹人嫉妒了。

哥伦布头像金币

"那个热那亚人算什么东西！当初他逃到西班牙来的时候，狼狈得像个乞丐，如今却耀武扬威起来了！"

"这种投机分子，只不过是侥幸成功而已！"

大凡胸襟狭窄的人对别人的成就、名誉或财富都会心生嫉妒，总是千方百计地加以诋毁、诬蔑或讥讽，这是古往今来人类都无法规避的弱点。在哥伦布所处的时代也不例外，当时西班牙有很多人都在背地里对哥伦布百般地讥嘲，包括宫内外的大臣、贵族们在内，他们总想找个机会让这个热那亚人出丑。

哥伦布了解自己的境地，因此言行上总是处处小心翼翼，避免和他们发生争吵，并尽量与他们保持距离。哥伦布是一个非常冷静而理智的人，他心里明白，树敌太多会影响他未来的航海事业。

据说，有一天贵族们举办宴会，特地邀请哥伦布前往参加。哥伦布本想找个借口推辞掉这个聚会，可是对方一再盛情邀请，碍于情面，他也只好准时赴会。

这可真是一次盛大的宴会，许多西班牙的贵族都出现了，绅士淑女们济济一堂。在餐后举行舞会之前，有一位贵族站起来高声地说："各位！现在大家都在谈论着新航路的话题，认为这件事非常伟大、非常了不起。可是，在我看来，只要有性能更好的船只和足够的经费，谁都可以办得到的，算不得什么伟大。哥伦布先生，如果您能实现自己的航海创举，那么在西班牙这个有众多航海家的国度里，一定会找到另一个人完成与您同样的发现的。”

这时候，席间还适时地发出了几声不怀好意的大笑，大多数的人都抱着幸灾乐祸的心情等待哥伦布的反应，准备看一场好戏。

哥伦布缓缓地站起身来，这时候，全场的目光都集中在他一个人身上，大家静静地等待事情的演变。哥伦布缓步走到餐桌前，拿起一枚煮熟的鸡蛋，然后把目光向全场扫视一周，说：“各位，有没有人能把这枚鸡蛋的尖端朝下，让它竖立起来？不要借助于面包、盐或其他东西。”

哥伦布说完，就把鸡蛋传给了坐在他身边的一位绅士，这位绅士在桌子上试了很多次，都无法让鸡蛋直立起来。一些好奇的淑女们也拥上去半开玩笑地试着把它竖起来，看到鸡蛋滚来滚去，大家笑成一团。

这样传了一圈，鸡蛋又重新回到哥伦布的手上。这时候，有一位贵族实在忍耐不住了，他高声说道：“你提出这个问题，是什么意思？这根本是没有办法办到的！”

哥伦布面带微笑地说：“你认为办不到的事情，我却可以办到。现在我就告诉大家，我是如何发现印度的。”

说着，哥伦布拿起那枚鸡蛋，“咔”的一声把蛋的一端按在桌子上，蛋的尖端因为蛋壳破碎而变平，因此稳稳地立在了桌上。

又是一阵哄笑，有的笑出了眼泪，有的捧着肚子直不起腰来：“原来如此！”“这是当然的嘛！如果你说蛋壳可以敲碎，谁不会做？”大家七嘴八舌地争吵着。

哥伦布从容不迫地继续说道：“没错！这么轻而易举的事情，在我没去做以前，各位竟然都不知道该怎么去做呢！”

这一次，四周鸦雀无声，众人领会了他的意思，这些尊贵的先生们，本应该自己去海上寻找陆地，而不是嘲笑第一个想办法去真正实现自己理想的人。

哥伦布说完这句话，头也不回地昂然离去。

虽然无法查证这个故事是否真实地发生在哥伦布身上，但哥伦布勇于将想法变为现实的精神，确实是值得人们学习的。

重返新大陆

第一次航行的顺利完成令费迪南国王和伊莎贝拉女王十分满意，他们顺理成章地委派哥伦布开始着手第二次航海。这次的航海筹备工作进行得十分顺利，这次的船只，一共动员到 17 艘，其中大型帆船就有 3 艘。而这次出航的人员也不再是清一色的平松家族的人，除了第一次随哥伦布出航的一些船员外，还包括摩尔战争结束后闲下来的贵族和为建设殖民地而派去的农民、开矿工和木匠等，总人数达1500多人。这一次，大家都对哥伦布心悦诚服。

这一次，哥伦布打算把住在法国的巴托洛梅和一直留在热那亚的弟弟迭戈两人也一起带去。有这两位弟弟同行，他会觉得比较安心，因为自己的亲兄弟不会像平松那样背叛他。

接到哥伦布的来信之后，迭戈日夜兼程地从热那亚赶来，多年不见的两兄弟都因这次的重逢而分外惊喜，他们互相拥抱在一起，倾诉多年来各自的经历。

可是距离起航的时间已经不远了，哥伦布的二弟巴托洛梅却一直没有到。“难道是没有收到我的信？”哥伦布心急如焚。

这一次的航海照计划是要从加第斯港出发。1493年9月25日，由17艘帆船组成的大船队扬起了西班牙国旗，浩浩荡荡地离开了港口。旗舰仍叫做“圣玛利亚”号，船队还包括忠诚可靠的“尼娜”号。

“巴托洛梅没有赶上，实在太可惜了！”事已至此，哥伦布也只好死心了。

这时候，巴托洛梅正从法国快马加鞭地赶来。当他赶到西班牙时，哥伦布的船队已在前一天出航了。巴托洛梅望海兴叹，不过，他不肯就此作罢，决心要设法挽回这失去的机会。

这一次出航，西班牙国王特意颁布圣谕，把让印第安人皈依基督教的任务列在首位，同时要求对待印第安人要仁慈宽厚，如果西班牙人对印第安人有任何不公正之处，都应受到海上将军哥伦布的严厉惩处。

哥伦布所率领的大船队在海上没有遇到什么风暴，经过40天的航行，他们于11月初抵达西印度群岛，随后又发现了多米尼加岛。

这次航行路线是经过大加那利岛到达戈麦拉岛。他们在戈麦拉岛除了补充新鲜食物和淡水外，还抓了一些家畜，其中包括8头猪，它们便是今天美洲猪的祖先。西班牙人这次还为他们发现的大陆带去了甘蔗苗。在加那利群岛上，他们抓了猎狗畜，并在后来用它们去扑咬岛上的印第安人。

哥伦布指挥着船只，全速驶往海地岛。然而，奇怪的是，他们到达海地时，却发现纳维达德营地一片静寂，船队放了信号炮，还是毫无反应。

“大事不妙，营地被人彻底捣毁，守备的人无一幸存，想必是遭到土著的袭击了！”奉命上岸侦察的部下气急败坏地跑回来向哥伦布报告，这真是完全出人意料的事情！

哥伦布连忙坐了小艇赶往营地，见营地已经面目全非，围栅整个倒塌，宿舍和仓库全部烧成了废墟。哥伦布看到这副惨状，愣在那里，半天说不出话来。他满腹疑惑，不知道这里到底发生过什么。

这时候，远远地看到几个土著，在树林里探头探脑地张望。哥伦布向他们招手，示意他们过来。其中有几个土著壮着胆子，缓缓地走了过来。哥伦布等人向他们询问营地里发生的事情，可是这些土著都不约而同地表示自己并不清楚，但哥伦布从他们的眼神中看到了恐惧。他们到底在恐惧什么呢？哥伦布脑子里的谜团似乎越滚越大。

后来他们得知了一些事情的片段。原来，营地里留驻的西班牙人，在哥伦布乘“尼娜”号离去之后，就开始残暴地对待岛上的土著，他们胁迫土著带路去寻找黄金，如果有不听话的人，他们就用利剑把他杀死。他们不但抢走土著的东西，而且为了分赃问题还发生了内讧。后来，大家索性各自为营，他们正经事不做，却整天在动黄金的歪主意，对那些生性温和的村民强征豪夺，甚至干下了烧杀抢掠的恶事。对白人的暴行再也忍无可忍的印第安人在当地酋长的号召下，大举进攻营地，将白人全都杀死，并烧毁了营地。

为了弄清事情的真相，哥伦布去拜访了当地的酋长。酋长惧怕西班牙人来寻仇，于是反复地证明自己是如何的忠于他们之前的联盟承诺，尽管西班牙人用破坏自己的承诺来回报他的忠诚。哥伦布决定此事就此结束，不再继续调查，他感叹地说：“他们利令智昏，咎由自取，怨不得别人！”

通过舰队领导人物的决议，哥伦布正式宣布放弃这里的据点，将新的殖民地选在同名海岬西南部的一处岛屿。于是，在西印度群岛出现了第一个欧洲式的城市，哥伦布为了纪念女王，就把这处地方取名为伊莎贝拉市。

哥伦布指挥这 1500 人在这块新土地上努力工作，工程顺利地进行，巍峨的总督府、普通的民房以及教堂、仓库等都次第建造起来。经过几个月的辛劳，这里已经初具规模，一座港口旁的小型城市即将落成。

虽然看起来一切顺利，但实际上哥伦布等人的城市建设工作异常艰难。最初他们选择的这处岛屿离饮用水的水源距离非常远，但是哥伦布没有时间和足够的物资储备做第二次选择了。工程开始不到一周，就有两百多人病倒了，就连哥伦布本人也未能幸免。船上储备的食物迅速地被消耗掉了，印第安人也不再为他们送木薯和其他的食物了。那些精明的西班牙商人用废旧的木桶装酒,大部分的酒都在途中流光了。一些奸商还拿一些老弱的马匹，调换了船队的纯种良马。

这次航海的随员中，有不少是出身于贵族，平日养尊处优，不事劳动的青年人。此次随船出海，光是枯燥的海上生活，就已经够他们受的了，如今还要他们冒着酷暑流汗工作，再加上食物和药品都很短缺，而且热病流行，于是一个个体力不支，相继病倒。

再说，这批人之所以甘愿出来冒险，主要的目的是想淘金。现在，黄金还没有到手，却先要做苦工，当然是一肚子的怨气，纷纷埋怨起来。其中一位叫做奥维叶多的贵族便开始挑唆大伙反对哥伦布："什么黄金啦，珠宝啦，连一样也没有找到，这明明是哥伦布欺骗了我们！与其在这里耗下去，不如干脆夺船驶回西班牙。"

哥伦布获悉他们的阴谋后，立刻行使总督的职权把奥维叶多拘押起来。不过，哥伦布心里想：为了杜绝悠悠之口，并且对国王有所交代，总得先想办法把黄金弄到手才行，否则，我在他们的心目中，就真的成为一个大骗子了！

据印第安人所说，一块叫希巴奥的山地盛产黄金。于是，哥伦布立即调集了 400 名士兵，派一个干练的人为领队，去希巴奥山地一带探测。

1494 年的 2 月初，这支探测队从伊莎贝拉市出发，越过高山峻岭和茂密的森林，到达了希巴奥。当队员们看到溪流里闪闪发光的金沙时，个个兴奋不已。希巴奥的印第安人知道白人来此的目的是搜求黄金，于是纷纷自动地拿金子来交换玻璃珠和铜铃等在他们看来很稀奇的东西。哥伦布接到报告后十分开心，这下终于有礼物能呈献给国王了。

于是，哥伦布命令手下在希巴奥建立了圣·托马斯营地，并委派一位名叫马加利特的贵族负责统率这里，同时，他又派遣船队把搜集到的黄金送回西班牙去。

人们的欲望是永无止境的，当初发现溪流里净是闪闪发光的金沙，确实使这批怀着淘金梦的人们欣喜若狂。渐渐地，这种散碎的颗粒状的金沙已无法引起他们的兴趣了。这些情形被哥伦布看在眼里，他心中也暗自焦急，生怕会有不安分的坏分子破坏他们的计划。

果不出哥伦布所料，几个阴谋分子正在暗中策划，准备夺船逃回西班牙。不过幸好哥伦布及时得知了这些人的阴谋，他们才未能得逞。阴谋分子的计划败露并未让哥伦布就此安心，他怕类似的事情还会发生。为了解除不满的情绪，唯有设法早日发现大量的黄金产地，否则，此类事情仍难避免。

3 月，哥伦布率领一批精壮的部下到希巴奥附近的山区去勘测，看看到底有没有整块的黄金，他们一路披荆斩棘，翻山越岭，历经无数个陡峻的山峰和深谷，可是除了溪流里充满了耀眼光芒的金沙外，并没有发现成块的黄金。

当他们经过一座土著的村落时，土著们拿出金沙来和他们交换物资。其中一位年老的土著告诉他们说，在对面，隔海相望不远的海岛上出产大量的黄金，从老者比画的手势看来，他所说的应该不是颗粒状的金沙，而是很大的金块。

哥伦布极为兴奋，他以为黄金之国就在眼前了。一回到伊莎贝拉市，他就立即率领船队出发。临行前，他向弟弟迭戈交代："下一个目标是探寻日本，现在我马上要出航了。在我出海期间，这里的一切就交给你了。这些贵族们，骄横跋扈，你要小心应对，凡事忍让，尽可能不要跟他们发生冲突。"

4 月，哥伦布率领三艘船从伊莎贝拉出发，经过几个月的探险航行，终于又看到陆地，但他这次并没有到达日本，却发现了牙买加岛。

开启大航海时代

重归故里

1494年8月中旬，哥伦布率领的船队回到了伊莎贝拉。长期的操劳和精神紧张，即使铁打的人也难以支持。哥伦布站在甲板上，远远看到自己一手经营的伊莎贝拉市，一阵感慨，不禁晕厥了过去。船员们七手八脚地把他抬到总督官邸。

当哥伦布睁开眼睛时，差一点惊得从床上跳起来。原来二弟巴托洛梅竟然出现在眼前，这该不是在梦中吧，还是自己病得眼花了？

“感谢神的恩典，你总算醒过来了。大哥，你已经昏睡了两天啦，我们都很着急呢！”这明明是二弟的声音，绝非梦幻。哥伦布心头一阵喜悦，精神也就振奋了起来。

原来巴托洛梅接到哥伦布的信后，火速赶往西班牙，没想到在半路上遇到海盗，被海盗洗劫一空的巴托洛梅潦倒不堪，后来好不容易才到了西班牙，但哥伦布却又第二次扬帆出海了。

“我向女王请求，准许我前来协助哥哥，承蒙女王允准，命我率领三艘船，满载食物、药品等赶来接济。不巧，我刚好赶到，哥哥却又到南方探险去了，我立即率领船队向南方追赶，可是根本见不到船队的踪影，于是在伊莎贝拉耐心地等待。”巴托洛梅诉说着自己的经历。

哥伦布听完了弟弟的叙述，口中不断地喃喃祈祷，感谢神的恩典，眼眶里充满了喜悦的泪水。兄弟团聚后，哥伦布很快地就恢复了健康。从此弟兄三人紧聚在一起，哥伦布不再感到孤寂了。

这时，岛上的情形却非常混乱。哥伦布出航期间，岛上的大小事务都交给弟弟迭戈全权处理。然而迭戈生性温和，不果断，虽然是一个好人，但不是理想的行政长官。二弟巴托洛梅和迭戈恰恰相反，他刚毅不屈，一经决定，决不更改，纵有天大的困难，也要尽力去克服，是一位卓越的领导人才。于是，哥伦布任命二弟巴托洛梅为副总督，协助自己处理行政业务。这么一来，自然又会引起一番私议。

当初，哥伦布向南方出航前，把行政业务交由弟弟迭戈代理，军队则由马加利特负责统率、指挥。

哥伦布出发后不久，马加利特仅留下五十几个士兵驻守营地，自己则带领着大部分的军队到岛上去骚扰各部落，一路上搜刮黄金，欺凌土著。迭戈曾派人去制止他们，他们不但不予理会，反而勾结一些对哥伦布不满的贵族和僧侣们，唆使他们乘船回国去向国王进谗言。

马加利特的恣意横行引起了土著的愤怒，一心要报复泄愤。他们得知西班牙人的营地仅有五十几名士兵留守，于是集结一众土著，向营地发起攻击。这处营地位于丘陵地带，四周有河川围绕，易守难攻，可是这里一旦被土著攻陷，驻守的士兵都难逃一死。

毕竟土著的弓箭不及西班牙人的枪炮厉害，虽然人数众多，依然敌不过守军，眼看死伤累累，士气低落，好多土著早就找机会溜掉了。就这样，双方僵持了 40 多天，土著只好撤退。

虽然营地的危机暂时解除，但是白人和土著间的仇恨却日益加深了。哥伦布听从了巴托洛梅的建议，对岛上的土著恩威并施，没有多久，许多部落的小酋长都纷纷来归，彼此重修旧好，和睦相处。

只有大酋长卡奥纳波依旧顽强不屈，反抗到底。哥伦布有一位机智的部下，此人胆识过人，他自告奋勇地表示可以生擒卡奥纳波。在他的一再请求下，哥伦布有些将信将疑地拨了一小队人马给他，让他去试一试。

果然，三天以后，这位部下智擒了凶悍的卡奥纳波。卡奥纳波的弟弟听说哥哥被俘虏了去，愤怒到极点，于是又唆使一些意志不坚定的小酋长，起来反抗。他们集合大军，企图突袭圣·托马斯营地。哥伦布本不想进行流血战争，这时候，迫于无奈，也只得集合部下，准备战斗了。

1495 年 3 月，哥伦布和巴托洛梅率领 200 名步兵，二十余名骑兵和十几头猎犬,从伊莎贝拉出发向希巴奥进军。

巴托洛梅向哥伦布说："敌军的人数，超过我们若干倍，而且来势凶猛，我们不宜正面为敌，最好派人去和圣·托马斯的守军取得联系，采取夹击战术。"

"不错，我也是这么想。"哥伦布同意弟弟的看法。

巴托洛梅又再建议说："土著们自恃人数众多，必会轻敌。我们不妨虚张声势，把兵力分成几股，隐藏在密林里，等候信号。等到敌人进入我们埋伏地区后，一声信号，让他们从隐藏处冲出来，我相信一定能够以少敌众，大获全胜的。"

果然，土著排山倒海似的拥来，嘴里怪声叫喊，令人胆战心惊。突然间，一声凄厉的信号响彻山谷，隐藏在密林里的西班牙士兵，从四面八方冲来，枪弹密如雨点。

土著们虽然人数众多，却禁不起西班牙军的突袭，顿时溃不成军。

岛上暂时恢复了宁静，土著也不敢再公然反抗。但是，以武力来镇压岛上的人绝非哥伦布的本意。这一次的流血惨剧使哥伦布十分愧疚，他痛心不已。

哥伦布正在岛上辛勤经营、艰苦奋斗的同时，那几位先前受马加利特唆使的西班牙贵族和僧侣回国后大放厥词，对哥伦布进行肆意的毁谤。

"哥伦布这个野心家，意图独占新陆地的财富，对待部下极为苛刻，奴役他们去从事繁重的劳动。他们不眠不休地工作，却得不到合理的待遇，简直比牛马还不如！""由于过度的劳动，加上粮食缺乏，很多人都体力不支，病倒了，哥伦布却不给他们医治。”“部下稍稍犯了点过错，动辄鞭笞，任意侮辱。他简直没有把国王和女王放在眼里，他自己就是一个暴君。”如此一传十，十传百，终于，这种话从西班牙新派来的人们口中，传到了哥伦布的耳朵里。哥伦布为了澄清自己，决定回西班牙一趟。

哥伦布建造了一艘新船，命名为“圣·库列兹号”，另外又把“尼娜”号翻修一新。

哥伦布把一些水土不服、不适于在岛上居住以及需要回国治病的人分载在这两艘船上，向西班牙回航。途中曾遭遇到暴风的袭击，几乎沉没，使得行程受阻，延误了不少时日，还差一点断了粮。

1496 年 7 月的一天，哥伦布又踏上了西班牙的国土。第二天，他立即去觐见国王和女王。英明的西班牙国王并没有听信那些流言蜚语而去责难哥伦布，哥伦布这才放下心来，开始筹备第三次的航海。

身陷囹圄

1498 年 5 月底，哥伦布开始他第三次的航海。不过，这一次的人员和物资筹备工作进展得十分不顺利。大家都得知哥伦布发现的新陆地，仅是在溪流里发现金沙，却没有大块的黄金，人们认为不值得去吃苦冒险。许多人受了谣言的影响，把哥伦布看作是冷酷无情、私心很重的人，不敢跟随他。因此，主动参加的人寥寥无几，后来只好靠政府的力量把一些犯人编列进去，才勉强凑足人数。出航的那天，码头上冷冷清清的，跟他胜利回国时的热烈情景不可同日而语。

可是，哥伦布依旧刚毅不屈，并未因此而沮丧，他一心要去发现黄金之国，并积极地建设新殖民地，以报答女王的知遇之恩。

在这次航海中，哥伦布又发现了一个岛。他越过南美洲大陆，一路往伊莎贝拉市驶去。

岛上的伊莎贝拉市和新建立的圣多明各市，分别由迭戈和巴托洛梅两人治理。但贵族们在岛上胡作非为，把土著们当做牛马般地驱策役使，财富则吞入私囊。哥伦布弟兄如果偶尔有些小过失，贵族们就夸大其词地蓄意渲染，写信向国王和女王打小报告，极尽毁谤、中伤之能事，把一切过错归咎于哥伦布一人。

起先，西班牙国王和女王对这些诬告不为所动，但时日一久，谗言越来越多，他们也不能再置之不理了。于是，斐迪南国王派了一位名叫鲍巴吉里亚的贵族随哥伦布同行，并对哥伦布所管理的岛屿进行调查。

哥伦布知道他与国王和女王平起平坐的日子一去不复返了。如今他病魔缠身，饱受非议，唯一值得信任的两兄弟还远在他乡。

1500年8月，鲍巴吉里亚到达圣多明各市后，还没有着手调查，就宣布自己是奉了国王之命前来拘捕哥伦布的。他先下令把迭戈和巴托洛梅扣押起来，哥伦布闻讯后立刻赶来，他责问鲍巴吉里亚为什么扣押他的两个弟弟。鲍巴吉里亚冷笑着回答："有人控告你企图将此岛占为己有，而且对待土著暴虐残忍。如今我奉了国王之命来拘捕你，将你押解回国，接受制裁。"

国王竟然派人来拘捕自己？哥伦布的一片忠诚，却蒙受如此大的冤屈，他满腔悲愤，两眼冒火，但他紧闭嘴唇，极力地忍耐着。

哥伦布心想："我是无辜的，只要我回到西班牙向国王和女王说明一切，就可洗雪冤屈了。"想到这里，哥伦布毫不畏惧地伸出双手。

"咔嚓"一声，哥伦布的双手被扣上了镣铐。

鲍巴吉里亚不仅扣押了哥伦布兄弟，还以国王的名义没收了哥伦布的财产。哥伦布是一位伟大的航海、探险家，他具有过人的胆识和勇敢，他有钢铁般的坚强意志。他为理想而艰辛奋斗，可是，无情的岁月在他脸上刻画出一道道痕迹，他一头的白发，但双眼依旧炯炯有神，闪现着凛然不可侵犯的目光。

戴上手铐的哥伦布三兄弟被押解上船，关在一间狭小的船舱里。鲍巴吉里亚是个阴狠毒辣的家伙，他不许船员们供应他们充分的食物和饮水，也不准哥伦布弟兄三人走出舱门活动活动筋骨，三兄弟只能终日闷在幽暗而狭窄的小舱里。

哥伦布毕竟已经上了年纪，怎禁得起如此折磨，没过多久，他就已经被折磨得不成人形了！哥伦布被押解上岸的时候，人们简直不敢相信，眼前那位白发飘散、身体佝偻、四肢颤抖的干瘦老人就是那个刚毅不屈、意志坚定的伟大探险家哥伦布！

第二天，哥伦布被押进王宫。他跪在国王和女王面前，泣不成声，国王和女王准许他站立并走近一些。

这次见面，国王和女王陛下以较为公正的态度恢复了哥伦布的权利，并归还了他的财产，重新确认了他海上将军的封号。国王和女王同时也解除了鲍巴吉里亚的特权。但是哥伦布也不再是总督了，殖民地的事务全部转由国王直接控制。

虽然保有封号和财产，但此时的哥伦布已经是一个毫无实权而又萎靡不振的人了。他开始撰写《预言书》，企图从某种神秘主义思想中寻求一处心灵避难所。

未圆之梦

1498 年，有一位名叫瓦斯科·达·伽马的葡萄牙人按照迪亚士等人的路线，发现了绕道非洲南端好望角而到达印度的新航路，消息很快地传遍全欧洲。

哥伦布画像

哥伦布虽然体力日衰，但是这个消息却又激起了他的豪情壮志。大家都已知道他所发现的大陆并非印度，而哥伦布本人更是因为还没有真正到达印度而心有不甘。于是，他决定再度出海。

他坚信古巴和海地是位于亚洲大陆东方海上的岛屿，可以从古巴南岸寻找到一条出入印度洋的海峡。如果能够发现那个海峡的话，那么，到印度或日本的航行时间要比绕道好望角缩短很多。

对于哥伦布的这次航海计划，大家都不再予以支持。他的亲人和朋友也对他苦口相劝，希望他不要逞强，毕竟已经年纪一大把，不适于长途跋涉了。可是，哥伦布却不为所动，还准备把儿子带在身边一道去探险。

他向国王和女王提出航海计划的申请，女王看到他年已老迈，不忍心再让他去冒险。可是，哥伦布一再地恳求，女王终于被他的热忱打动，答应全力支持他进行第四次航海计划。

1502年3月，斐迪南和伊莎贝拉发出明确的新航诏令，许诺了哥伦布许多特权和待遇，但也明确指出，哥伦布不得以任何借口登上他最初发现的伊斯帕尼奥拉岛。

得到国王和女王陛下的获准后，哥伦布便开始积极筹备，由于仍有嫉妒的人在暗中阻挠，所以，准备工作进行得很不顺利。

直到5月份，航海的一切准备工作才就绪，哥伦布又可以扬帆出航了。

当时，哥伦布的长子迭戈寄养在宫中，没有随同出海，哥伦布把年仅14岁的次子费南多带在身边。

这一次，组成船队的仅有四艘不满百吨的小船，全部人员加起来也不足150人。哥伦布让他的弟弟巴托洛梅担任其中一艘船的船长。

1502年7月下旬，哥伦布的船队已经航行了两个月了，其中有一艘船发生了故障，于是船队就驶进海地岛的圣多明各港，准备入港休整一番。

当时，岛上的新总督名叫奥万多，他正企图把一批黄金偷偷地载运回国，怕被哥伦布撞见，所以严词拒绝，不许哥伦布的船队进港。哥伦布忍气吞声，只得把船队驶往附近的港湾。

奥万多见哥伦布的船队离开了，暗自高兴，忙命令部下迅速地把搜刮来的黄金等装载到两艘船上运走。不料，偷运黄金的船只开出圣多明各港的第二天，在海上遭遇到强烈的风暴，连人带船葬身海底。

而哥伦布的船队因为其中的一艘损坏，被迫停泊在一个小港湾里，却因此幸免于难。最后哥伦布只好舍弃那艘损坏的船，率领着剩下的三艘船从古巴岛向西南进发。

7月底，船队到达了洪都拉斯的北岸。据当地的人说，在他们的西北方有一块陆地。

如果当时哥伦布向那个方向驶去的话，就可以发现墨西哥，进而发现美洲大陆了。可是，他一心只想寻找通往印度的海峡，虽然已经到达洪都拉斯附近，但却离美洲大陆越来越远。

这一程他们行进得十分艰苦，途中风暴强劲，暴雨连连，布帆被狂风撕裂，船舱里灌进了海水，食物都发霉腐坏了，连储存的水也不能饮用了。

此时的哥伦布却还和往常一样，发挥着他观察家的伟大天赋，他将这次航行中的一切见闻都详细地记载下来：

> ……一支箭射伤了一只野兽，它很像猫，但要比猫大得多，而且长了一张酷似人类的脸……这里有长着兽毛一样羽毛的大鸡……一种鳄爬上岸来睡觉，它们散发出的气味好像它们吞下了全世界的麝香一样……

哥伦布对这里的见闻描绘得有声有色，可是船员们却又渴又饿，加上疲劳过度，都纷纷病倒了。哥伦布自己也罹患了风湿病，可他依然勉励着船员支撑下去。好不容易挨到10月初，船队抵达了哥斯达黎加。

这时，三艘船中又有一艘被风浪摧毁得破败不堪，已经无法继续使用。

哥伦布眼看着这样的情形，心想，单凭剩下的两艘小船和船上那些病弱的船员是无法完成使命的，还是先回海地岛再说吧。

哥伦布本想先到海地岛，将船只、人员休整过后再继续完成航海壮志的。不料，等他们回到岛上一看，这一片西班牙的殖民地，早已被奥万多搞得面目全非，岛上的秩序混乱不堪，白人残忍地杀害那些善良温顺、热情好客的土著，致使土著和白人的仇恨日深，这里的未来令人担忧。

哥伦布和那个时代的大多数探险家不同，他不得不目睹自己的航海大发现给这里的人们带来的灾难。对此，哥伦布痛心不已，决定立即回到西班牙，他要赶在这里的土著灭绝之前向国王和女王陛下痛陈这里的一切。

1504年9月，哥伦布返抵西班牙。此时的他已经病体孱弱，形容枯槁。他多次呈信报告给国王和女王陛下，但每每落入奸佞之手，无法上达。

哥伦布回到西班牙不到两个月，伊莎贝拉女王病逝，在此之前，她已经和病魔抗争了一年了。女王病逝后，宫廷里再没有人支持哥伦布了。斐迪南国王一向对横渡大西洋没什么兴趣，相比起来，他更乐于处理欧洲的事务。

哥伦布自己的财产早就全部垫作航海费用，至于他应分得的那部分利益，也老早就被高官们侵吞。这位对西班牙有卓越贡献的伟大探险家早已经被人们遗忘了！如今他只能住在伐利亚多利德的一处简朴的房子里，与贫困、孤寂、病魔和失意作斗争。

1506 年 5 月 19 日，哥伦布的病情突然恶化，他嘱咐人对他之前所写的遗嘱进行补充，叮嘱他的主要继承人——大儿子迭戈，永远扶助对哥伦布不离不弃的恩里克斯。此外，他还嘱咐迭戈兴建一座小教堂，如果有可能，他希望把教堂建在他发现的伊斯帕尼奥拉岛上，“因为上帝以如此神奇的方式把它交付给了我”。

1506 年 5 月 21 日，这位取得过辉煌成就的 55 岁的航海英雄与世长辞了。这位新大陆的发现者被埋葬在伐利亚多利德圣方济会的一个修道院里。他的葬礼如同他末日的生活一般简朴，只有为数不多的几个人来向这位航海家表示最后的敬意。

斐迪南国王虽然对哥伦布的航海计划不十分热衷，但他仍称得上是一位正人君子，在哥伦布死后，他宽厚地承认了迭戈有对西班牙王国提起公诉的权利。于是，迭戈提起的一系列公诉案一直延续到 16 世纪中叶。

哥伦布死后很长一段时间，尸骨都无法得到安宁。他的遗骨曾被运到塞维利亚、圣多明各、古巴，最后，盛着哥伦布遗骨的棺材又回到了塞维利亚的教堂里，但有人却说，他本人却早已长眠在新大陆，正如在他自己在弥留之际所要求的那样。

无论如何，哥伦布的灵魂最终得到了安息，他的理想、重负和一直以来折磨着他的深深自责也都就此摆脱了。